# KARIBIK

MIT BILDERN
VON CHRISTIAN HEEB
UND TEXTEN
VON ROLAND F. KARL

# INHALT KARIBIK

*Seite 8/9:*
**Die schönste Tageszeit ist während des
Sonnenuntergangs – hier auf der Terrasse
des Royal Pavillon Hotels in Barbados.**

*Seite 12/13:*
**Südlich von Castries, der Hauptstadt von
St. Lucia, liegt der bei Seglern beliebte
Ankerplatz der Marigot Bay, die im Jahre
1966 als Kulisse des Rex-Harrison-Films
„Dr. Doolittle" mit ihrem romantischen
Ambiente Berühmtheit erlangte.**

*Seite 14/15:*
**Keine Reederei, die ihre Traumschiffe nicht
in die Karibische See schickt: Die „Song of
America" nähert sich den US-Virgin Islands,
um in Charlotte Amalie festzumachen.**

# ISLANDS IN THE SUN – DIE KARIBISCHEN INSELN

Wie kein anderer hat Harry Belafonte Ende der 50er-Jahre mit seinen eingängig romantischen Calypso-Balladen „Banana Boat Song", „Matilda" oder „Coconut Woman" Geschichten über die West-Indies in alle Welt transportiert und die Sehnsucht geschürt nach den „Islands in the Sun". Seither fliegen jährlich Millionen Besucher über die karibischen Drehkreuze ein, um sich von der Schönheit gleißender Sandstrände, mit dichtem Dschungelgrün überzogener Bergketten, in allen Türkisfarben schimmernder Riffgürtel und tiefblauer, romantischer Buchten berauschen zu lassen. Und um sich vom Liebreiz Matildas zu überzeugen, die sich, wenn man der Liedzeile des Gesangstars glauben darf, mit seinem letzten

Ausblick auf dem winzigen Eiland Petit St. Vincent: Die Inselperle, die zum Staatsgebiet von St. Vincent & The Grenadines gehört, ist ein Luxusressort, das zu den exklusivsten in der Karibik gezählt wird.

Geld aus dem Staub gemacht hat: „Ma-til-da", besingt Belafonte die karibische Mentalität, und scheint nichts zu bereuen, „Ma-til-da", singt Belafonte, „Ma-til-da, she take me money and run Venezuela".

Das Zusammenspiel aus Liebreiz und Katastrophe steckt den West-Indies historisch im Blut. Kolumbus, ihr Entdecker, war zuerst sehr nett zu den eingeborenen Arawak-Indianern und wollte sie unbedingt zum Christentum bekehren, aber irgendwie starben sie ihm durch harte Zwangsarbeit und aus Europa eingeschleppte Krankheiten vorher weg. Die von ihm geschaffenen spanischen Kolonien und die Gier nach Gold weckten Begehrlichkeiten anderer europäischer Großmächte, deren Vertreter bald in Scharen über den großen Teich setzten, um hübsche Kirchen an herrlichen Buchten zu bauen, vor allem aber, um den Spaniern die viel versprechenden Überseebesitzungen wieder abzujagen. In der Folge wurden die arbeitsscheuen und im übrigen bald mehrheitlich toten Indianer durch Sklaven aus Schwarzafrika ersetzt, und wo es kein Gold gab, wuchs recht profitabel das Zuckerrohr. Die Arbeitskraft dazu gab es durch den erfolgreichen Dreieckshandel (afrikanische Sklaven Richtung Amerika, von dort Zucker und Baumwolle nach Europa, Glasperlen und Gewehre nach Afrika) beinahe gratis.

Schnell wurde die gesamte karibische Region zu einem einzigen Gerangel um Macht, das mit blutigen Gemetzeln der engagierten Kolonialmächte sowohl gegen die Einheimischen als auch untereinander einher ging. Hispaniola beispielsweise, im Besitz der Spanier und Hauptsitz von Christoph Kolumbus, wurde auf seiner westlichen Hälfte von französischen Piraten besetzt, fiel wenig später komplett an Frankreich, worauf sich nach einem Sklavenaufstand wiederum der Westteil, das heutige Haiti, abspaltete. Mit Hilfe der Engländer wurden die im restlichen Gebiet verbliebenen Franzosen endgültig verjagt und die spanische Herrschaft dort wiederhergestellt, bis sich daraus nach blutigen Revolten die Dominikanische Republik konstituierte. Die durchlebte noch über 50 weitere Aufstände. Den meisten Inseln, die den Weltmächten hilflos ausgeliefert waren, erging es kaum anders: St. Lucia wechselte 20-mal die Herrschaft, ganze 31-mal die schwesterlichen Eilande Trinidad & Tobago. Erst die Friedensschlüsse des Wiener Kongresses 1814 schrieben die jeweiligen Besitzstände fest und ließen weitgehend den politischen

*Oben:*
**Surfen am Rockley Beach – eine von vielen Wassersportvergnügungen auf Barbados.**

*Rechts:*
**Die Nachkommen von Seeräubern, Sklaven und politisch Verfolgten vermitteln den typischen Lifestyle Made in Barbados – das Leben findet im und am türkisblauen Wasser statt.**

Flickenteppich entstehen, der sich auch heute noch – hinsichtlich kultureller, wirtschaftlicher und politischer Verbindung mit den einstigen Mutterländern – als karibische Landkarte präsentiert. Für die meisten der ehemaligen Sklaveninseln war der Weg in die Freiheit steinig und blutig, wie der des allerersten souveränen Staates der West-Indies, Haiti, aufzeigt.

## DER SCHWARZE NAPOLEON

Durch radikale Abholzung seiner Wälder und die durch massenhaften Import von Sklaven rasch anwachsende Zuckerindustrie war das französische Drittel Hispaniolas zu einer der reichsten Kolonien der gesamten Karibik geworden. Bis Ende des 18. Jahrhunderts eine halbe Million Sklaven in blutigen Kämpfen erfolgreich gegen die Truppen Napoleon Bonapartes revoltierte und Haiti 1804 als erste Kolonie seine Unabhängigkeit erlangte. Ironie der Geschichte: Der Mehrheit der Haitianer wurde die neue Freiheit zum Trauma, das bis zum heutigen Tag anhält. Wofür nicht nur die Gewaltherrschaft François Duvaliers, besser bekannt als „Papa Doc", mit seiner sadistisch agierenden Geheimpolizei Tonton Macoutes sorgte; auch seine Nachfolger, wie Sohn „Baby Doc" und der letzte vom Volk verjagte Diktator Jean-Bertrand Aristide, waren kaum besser. Den Anfang der langen Reihe grausamer Despoten hatte Henri Christophe gemacht, der sich gleich nach der Unabhängigkeit zum König krönen ließ. Im Namen der neuen Freiheit knechtete der ehemalige Oberkellner 20 000 Menschen zu Tode beim Bau seiner mächtigen Zwingburg „La Ferrière", die er auf der höchsten Bergspitze des Küstengebirges mit Blick aufs Meer errichten ließ, weil er die Rückkehr und die Rache Napoleons befürchtete. Aber „La Ferrière", haitianisches Sinnbild der Unabhängigkeit, auch Haitis „Statue of Liberty" genannt, geriet den Insulanern zur Farce: Deren Blutopfer waren gänzlich umsonst gewesen, denn es kam niemand. Jedenfalls keine Franzosen. Irgendwann nur die eigenen Leute, die Henri Christophes Tyrannei überdrüssig waren und seinen Kopf wollten. Für den Fall hatte der schwarze Despot schon vorgesorgt: Als der Mob seine „Bastille"

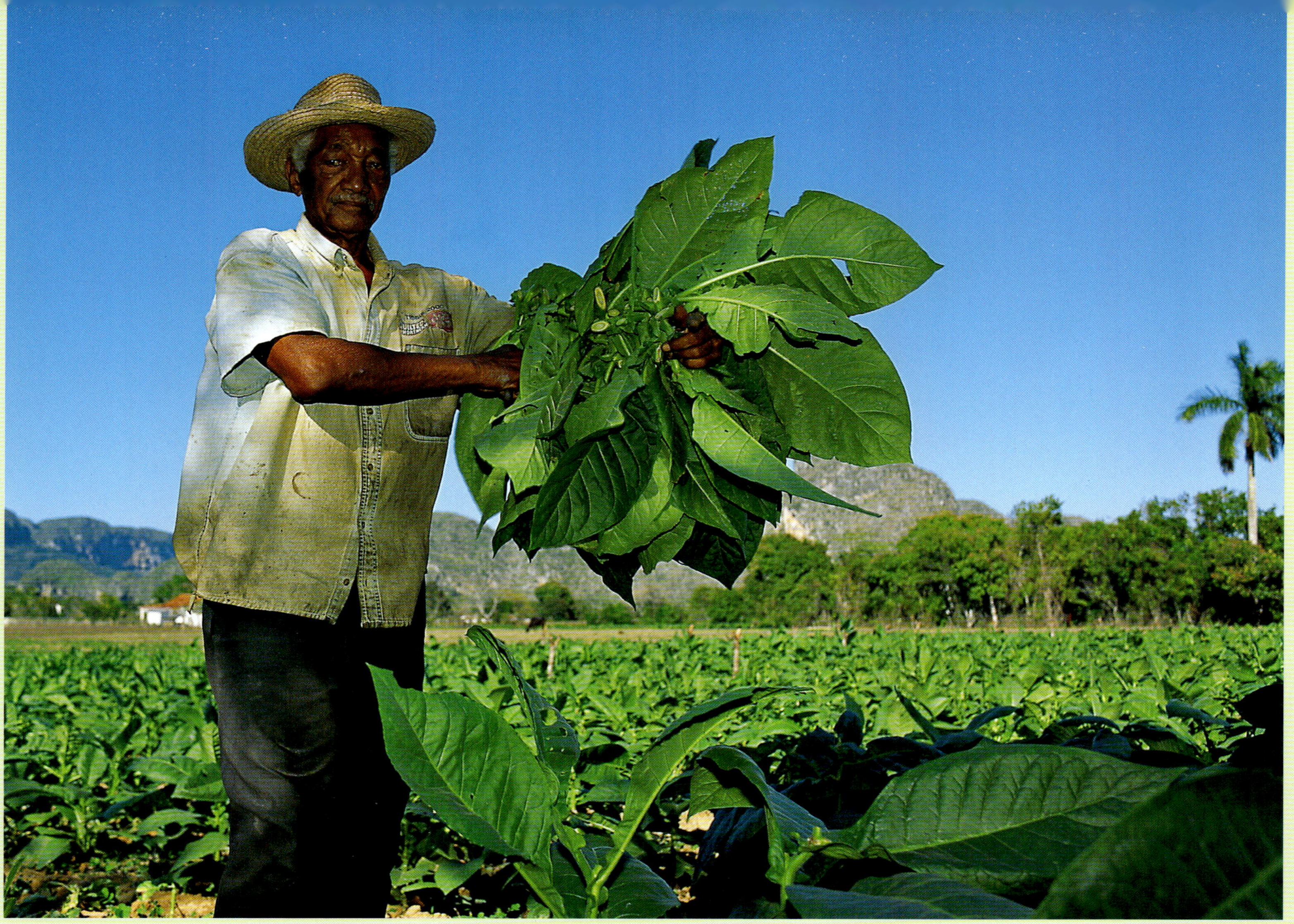

stürmte, erschoss er sich mit einer goldenen Kugel. Noch heute zeugen die Ruinen seines Lustschlosses Sans Souci, das er in Anlehnung an das Potsdamer Schloss Friedrichs des Großen aus dem Dschungel wachsen ließ, von der Pracht, die einmal war: Über unterirdische, kühlende Quellflüsse gesetzt, mit prunkvollen Treppenaufgängen, gewaltigen Säulen und kostbaren Marmorböden versüßte Sans Souci dem „Schwarzen Napoleon" das Warten auf den echten mit rauschenden Festen. La Ferrière und Sans Souci stehen unter dem Schutz der UNESCO.

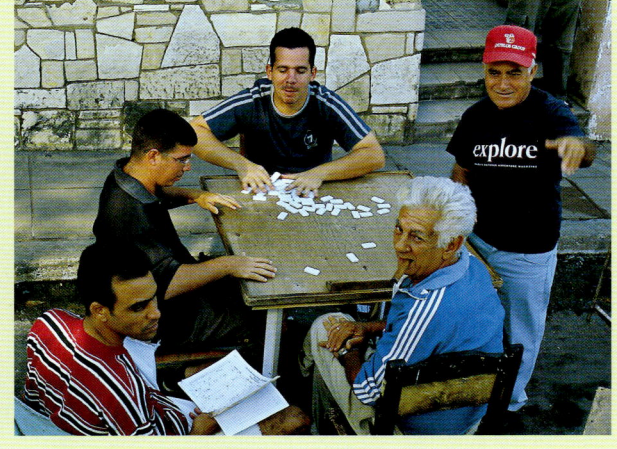

## DIE KOLONIALE SCHATZKISTE

Zahlreich ließen sich aus der Kolonialepoche grausame Beispiele von Unterdrückung und Befreiung erzählen, wobei auch Freibeuter und Piraten im Kampf um Macht, Pfründe und Gold neben den europäischen Staatsmächten gnadenlos mitmischten. Manchmal sogar in deren Auftrag: Freibeuter oder Korsaren wie Francis Drake und John Hawkins kaperten im Namen der Krone fleißig feindliche Schiffe und wurden von Queen Elizabeth I. als Belohnung sogar zu Rittern geschlagen; selbst Henry Morgan war als einer der brutalsten der Seeräuber-Zunft mit königlichem Segen unterwegs. Später dienten illustre Figuren wie Käpt'n Kidd, Sam Lord und der legendäre Blackbeard als Vorlage für spannende Hollywood-Drehbücher und die Inseln als reale Kulisse. Zahllos sind Filme auf den West-Indies produziert worden, wie „Fluch der Karibik" beispielsweise, mit Johnny Depp in der Hauptrolle, die Komödie „Auf die stürmische Art", mit Sandra Bullock und Ben Afflek, oder „Das Experiment des Wahnsinns", mit Marlon

*Oben:*
**Im Valle de Viñales bei Pinar wächst der Tabak für die berühmten kubanischen Zigarren – ein Arbeiter bei der Ernte.**

*Links:*
**Das tägliche Domino-Spiel gehört zur beliebtesten Freizeitbeschäftigung der kubanischen Señores, wie hier in der Provinzhauptstadt Pinar del Río. In Pinars Fábrica de Bebidas Guayabito wird aus Wildguave (Psidium guyabita) und Rum der berühmte Likör „Guyabita del Pinar" hergestellt.**

In Punta Cana, Dominikanische Republik, stehen die Verkaufsstände unter freiem Himmel im Palmenhain am Strand.

Brando und Val Kilmer. Versteckte Piratenschätze gibt es ganz sicher. Auf Norman vielleicht, einer Insel der Britischen Jungferninseln, im Volksmund auch als „Treasure Island" bekannt.

## ZU LEBZEITEN LEGENDE

Außergewöhnliche Charaktere ließen sich auf den Inseln der Seeräuber viele auflisten, und nicht wenige wurden schon vor ihrem Ableben zur Legende. Bert Kilbride zum Beispiel. „Wenn du deine Yacht grad nicht dabei hast", pflegte der vollbärtige Exot über seine felsige Mini-Insel Saba Rock zu frotzeln, „musst du eben schwimmen!" Nicht grundlos hieß seine Kneipe in Sichtweite des Bitter End Yachtclubs auf Virgin Gorda „The soggy dollar bar", und tatsächlich wurden am Tresen eine Menge Rechnungen mit nassen Scheinen bezahlt. Kilbride, bis ins hohe Alter ein viriles Unikum und von der Queen autorisierter Schatzsucher, hatte über 140 versunkene Schiffe lokalisiert – jedenfalls erzählte er das gerne an der Bar – mindestens zwei Dutzend mit nicht weniger als einer Milliarde Dollar an Gold, Silber und anderen Preziosen an Bord. Auf Saba Rock, seinem Robinson-Crusoe-Refugium aus 4000 Quadratmeter Felsen bei Ebbe (ein Viertel weniger bei Flut), ließ er seine schwarze Piratenflagge im Wind flattern, von seiner steinernen Kapitäns-

kajüte hinter dem Bartresen ging ein Panoramablick auf Mosquito Island, Virgin Gorda, Eustatia, Prickly Pear und Hippie-Milliardär Bransons Privatinsel Necker Island.

## DIE HERBERGE DER KOMÖDIANTEN

Wenn jenseits der Bucht Port-au-Prince mit seinem weiß strahlenden Präsidentenpalast im späten Sonnenlicht stand, rollten vom Parkplatz der Ibo-Beach die ersten Limousinen in Richtung Stadt. Zum Grandhotel „Oloffson". Dort traf sich zu Zeiten Papa Docs, was Rang und Namen hatte. In der um 1900 kunstvoll aus Holz erbauten viktorianischen Gingerbread-Villa waren schon die Hemingways und Kennedys zu Hause, ihres morbiden Ambientes wegen wurde die legendäre Luxusherberge von der amerikanischen Künstlerszene sehr geschätzt. Und wegen Al Seitz natürlich, der seinem Motto getreu „The Guest is always wrong" Besucher nur nach persönlicher Gesichtskontrolle ins Gästebuch eintrug. Ali MacGraw, Truman Capote und Graham Greene (der vor Ort seinen Haiti-Bestseller „Die Stunde der Komödianten" recherchierte) durften passieren. Als Mick Jagger einst mit Bianca anreiste, hatte der eigensinnige Hotelier noch nie von den Rolling Stones gehört, und steckte die beiden ins schlechteste Zimmer. Darauf, so erzählt man sich heute noch, soll sich Jagger kleinlaut beim kräftigen, Zigarre rauchenden Seitz beschwert haben und bekam daraufhin eine Suite. Nachdem der Rolling Stone an der Hotelbar dann noch das Piano gespielt hatte, erhielt die Suite sogar seinen Namen. So heißt sie tatsächlich noch heute die „Mick-Jagger-Suite".

## VERDREHTE WELTEN

Eine Menge Illustres, Kurioses und kaum Glaubhaftes verbirgt sich in so mancher karibischen Schatzkiste. Was ist das für eine Insel, die offiziell zwei Währungen führt und in einer dritten rechnet? Deren Einwohner neben der jeweils holländischen und französischen Amtssprache lieber Kreolisch und Papiamento sprechen, während der US-Dollar das vorherrschende Zahlungsmittel ist? Dazu nennt das winzige Eiland mit Philipsburg und Marigot gleich zwei Hauptstädte sein eigen, lässt unterschiedliche Flaggen wehen und zwei Sorten Autokennzeichen herumfahren. Dennoch werden die beiden Mini-Staaten von anderswo regiert: Für St. Martin ist Guadeloupe der lange Arm von Paris, während das andere politische Gebilde, Sint Maarten, jenseits der französisch-niederländischen Grenze Teil der Niederländischen Antillen ist, die der holländischen Krone unterstehen, mit Regierungssitz in Curaçao. Die wunderliche Grenze („Welkom aan de Nederlanse Kant/Bienvenue Partie Française") kennt weder Kontrollposten noch Zollstation, erinnert aber an die bewegte Kolonialgeschichte, die bis

in die Gegenwart reicht. Entdeckt wurde „Saint Martin" von Kolumbus am 11. November 1493, am St. Martinstag. Die spanischen Eroberer hatten sich mit kampflustigen Kariben herumzuschlagen, sowie mit anreisenden Franzosen und Holländern. Als Peter Stuyvesant 1644 mit Truppen anlandete, zogen die Spanier ab. Franzosen und Holländer wollten sich auf eine friedliche Teilung einigen und schickten je einen kräftigen Läufer, so die Geschichte, in entgegengesetzte Richtungen immer am Strand entlang. Vereinbarungsgemäß sollte der Treffpunkt der beiden die künftige Grenzlinie markieren. Der Franzose lief schneller und weiter, so dass Holland nur ein Drittel des Territoriums bekam.

## WEST-INDIENS KLEIN-EUROPA

Zum karibischen Frankreich gehören außer seinem Teil St. Martins noch St. Barthélemy (dem Jet-Set als St. Barts bekannt), Martinique,

*Unten links:*
**Er könnte zusammen mit den greisen Musikern vom Buena Vista Social Club auftreten, der alte Rafael. Die notwendigen Insignien wären vorhanden: Strohhut, Stock, Fliege und Zigarre. Oder am Klavier wie der legendäre Ruben Gonzales aufspielen.**

*Unten:*
**In den traditionellen Rum Shops der karibischen Inseln wird der Zuckerrohrschnaps nicht nur in allen Variationen verkauft, sondern auch vor Ort konsumiert. Das löst die Zungen und bringt den dörflichen Treffpunkt der Einheimischen in Sachen Politik und neuestem Tratsch in Schwung.**

*Links:*
**Allgegenwärtig im Straßenbild Havannas: Plakatwände mit Che Guevaras Heldenbildnis und Kampfsprüchen aus Revolutionszeiten wie „Socialismo o Muerte".**

Guadeloupe und Marie Galante, während Britanniens Queen als Oberhaupt des Commonwealth von Jamaika bis Grenada eine lange Perlenkette aufreihen kann. Von den Spaniern sind auf Kuba, Hispaniola und Puerto Rico nur noch Sprachreste, historische Altstadtgassen und Kathedralen sowie die gänzliche Abwesenheit von Ureinwohnern geblieben, während Den Haags Finanzminister außer Sint Maarten und Curaçao noch Aruba, Bonaire, St. Eustatius und Saba unter dem kostspieligen Posten „Niederländische Antillen" führt.

Von Curaçaos Konigin-Julianabrug auf die Inselhauptstadt Willemstad zu schauen, gehört zu den optischen Täuschungen karibischer Wirklichkeit: Altholländische Giebel schmücken historische Hausfassaden, liebevoll restauriert in Pastell-

den Spannbogenbrücke, fällt der Blick jenseits des Hafenkanals auf Otrabanda („die andere Seite") über das Schottegat. Die weitläufige Bucht, in die selbst Großraumschiffe über das Nadelöhr Willemstad einlaufen können, sorgt mit ihren fjordartigen Buchten für eine weitere optische Attraktion: Im Sonnenlicht glitzern dort Crack-Türme und Tankanlagen der „Royal Dutch Shell Company", die seit der Gründung 1915 zu einer der weltgrößten Ölraffinerien herangewachsen ist.

## DIE KÖNIGIN HEISST SABA

Ebenso niederländisch, aber dennoch ganz anders, stellt Saba einen der eigenwilligsten Flecke der Karibischen Inseln. Auf dem winzigen Vulkaneiland dürfen ausschließlich Piloten mit

Spezialausbildung herunter, was Passagieren im Anflug verständlich wird, wenn sich neben dem gewaltigen Bergkegel die Landebahn auf einem 40 Meter hohen Felsplateau zeigt, von tosender Brandung umspült. Weil die abenteuerliche Piste mit nur 400 Metern kaum länger als die eines Flugzeugträgers ist, schwebten Ihre Majestät Beatrix und Prinz Claus bei offiziellen Staatsbesuchen schon mal getrennt ein, sicherheitshalber, in zwei Maschinen. Oft in Wolken gehüllt und mit Felswänden, die beinahe senkrecht zum Wasser abfallen, steht Saba als gewaltiger Brocken im Meer. In atemberaubenden Serpentinen schlängelt sich eine schmale Betonpiste vom winzigen Airstrip hinauf durch toskanische Bilder, durch saftiges Grün, an sonnenleuchtenden Bergdörfern vorbei. Das Inselhauptstädtchen Windwardside zeigt gepflegte kreolische Holzhäuschen mit roten Giebeldächern vor, ordentlich

farben aus Grün, Blau und Gelb, mit zierendem Stuck, traditionellen Sprossenfenstern, die Dächer in gebrannten Ziegeln gedeckt. Dazu ragen spitz Kirchtürme aus pieksauberen Straßen, die zur Wasserseite hin mit Grachtenhäusern besetzt sind, adrett und wie zu Hause abgemalt. Manchmal schiebt sich ein Kreuzfahrtschiff durch diese niederländische Altstadtkulisse, der hoch gewachsene Kokospalmen sowie eine Außentemperatur um 30° Celsius ihren verrückten Standort bezeugen. Dreht man sich um auf der ausladen-

weiß gestrichene Lattenzäune, Grabsteine der Vorfahren in Blumengärten, die Kirche, das Museum, die Kneipe. Strände hat Saba keinen einzigen. Mount Scenery, 887 Meter hoch, lässt sich über 1064 handgehauene Treppen besteigen, wobei die Mühsal an klaren Tagen mit grandiosen Ausblicken auf die Nachbarinseln St. Eustatius, St. Barthélemy, Sint Maarten und St. Kitts belohnt wird. „The Unspoiled Queen" ist wahrhaftig eine kuriose Insel, deren Eigenheit von ihren 1400 Bewohnern nicht ohne Stolz sorgsam gepflegt wird. Zum Kuriosen gehört auch, dass zwar jeder hier einen niederländischen Pass hat, aber kaum einer auf die holländische Amtssprache hört, denn die Umgangssprache ist Englisch.

## URBANE TRÄUME: DIE SCHÖNSTEN PERLEN

Die beeindruckendsten Inselhauptstädte der Welt sind auf den Karibischen Inseln zu finden. Auf Platz Eins der Rangliste der Schönen liegt unbestritten Havanna. Welche sonst hätte eine sozialistische Revolution, Fidel Castro und das Erbe Che Guevaras zu bieten, erstklassigen Rum und die besten Zigarren, Autoren der Weltliteratur und ganz sicher nicht nur die Klänge des berühmten Buena-Vista-Social-Club? Dazu eine wahre Pracht an UNESCO-geschützten Baudenkmälern, hollywoodreife Buicks und Chevrolets, die jedes Sammlerherz höher schlagen lassen, sowie ein architekturberauschtes Altstadtambiente, das eine einzigartige Kulturszene ausfüllt. Hier, im alten Havanna, erklingt Kubas Musik überall, wobei sich die Plaza de la Catedral am erfolgreichsten bemüht, alle gängigen Klischees auf einen Schlag zu bedienen: Männer mit Trompeten, Geigen und Trommeln, dazu wird getanzt, Mädchen in Kostümen des 18. und 19. Jahrhunderts lassen sich gegen Dollar ablichten, eine Zigarre rauchende Kubanerin, die lässig an einer Säule lehnt. Wenige Ecken weiter mahnt ein Großportrait Fidel Castros mit Revolutionsparolen, und am „Platz der Demonstration" die Skulptur des kubanischen Nationalhelden José Martí mit dem Jungen Elian im Arm – ein Zeigefinger klagend in Richtung USA gestreckt. Kubas Hauptstadt ist auch ohne Cuba Libre ein Rausch, was bei wilden Salsa-Rhythmen im Havanna Club am sinnfälligsten ist. Einen Abend im Tropicana würde sich ein durchschnittlicher Kubaner allerdings kaum leisten können, denn das Openair-Cabaret, seit 1939 die Crème karibischer Tanzkunst, kostet einen halben Monatslohn.

## SCHÜSSE STATT NÜSSE

Unbestritten ist St. George's die Hauptstadt der Muskatnüsse, weil Grenada ein Drittel des Weltbedarfs deckt und der zweitgrößte Erzeuger der

*Oben:*
**Einer der eindrucksvollsten Badeplätze auf Virgin Gorda, British Virgin Islands: die Strände zwischen den gewaltigen Sandsteinfelsen, die lapidar The Baths genannt werden und nicht weniger eindrucksvoll als die weltbekannten Steinformationen der Seychelleninsel La Digue sind.**

*Ganz oben:*
**Welcome to a private paradise: Das Petite St. Vincent Resort verkauft erfolgreich den Traum des Alleinseins oder zumindest der Zurückgezogenheit auf einer der schönsten Perlen der südlichen Karibik.**

Welt ist. Dazu ist es zweifelsfrei die hübscheste Hafenstadt der Kleinen Antillen. Tatsächlich wirkt seine malerische Kulisse wie ein kitschiges Werbeplakat: am Wasser alte Hafengassen mit gusseisernen Laternen, steinerne Häuser in feiner, georgianischer Architektur, die Glockentürme der katholischen Kathedrale, der anglikanischen und der presbyterianischen Kirche. Ein urbaner Traum ist die Altstadt. Terrassenförmig ziehen sich ringsum sonnenleuchtende Fassaden in grünwuchernde Inselberge hinauf. Dort oben, auf Richmond Hill, „sitzen" sie immer noch, die Drahtzieher des blutigen Putsches von einst, Chef-Revolutionär Cord inklusive. Ironie des Schicksals: Ihre hitzebrütenden Zellen sind allesamt „rooms with a view", mit der tollsten Aussicht: Zu Füßen des Gefängnisses zieht sich die Grand Anse Beach dahin, kilometerlang, mit schneeweißem Sand, üppig mit Palmen bestückt, vor türkisfarbener See. Die Carenage ist zu sehen, St. George's hufeisenförmiges Hafenbecken, mit

Sozialreformer Maurice Bishop wurde dabei massakriert und hunderte seiner Anhänger zum Selbstmord über die Brüstung der Festung getrieben. Vor der Revolution waren die beiden politischen Widersacher Cord und Bishop am Zapfhahn von „Rudolfs" häufiger zu finden, wie auch John Wayne und der Seewolf-Schauspieler Raimund Harmsdorff, die den österreichischen Wirt regelmäßig in seiner Hafenkneipe besuchten, die zum Bedauern vieler Stammgäste aus aller Welt kürzlich bis auf die Grundmauern niederbrannte.

# SCHMELZTIEGEL DER KULTUREN

Die Erscheinungsformen gesellschaftlichen Lebens sind auf den Karibischen Inseln nicht weniger vielfältig als in Europa. Was sich auch an einer breit gefächerten Sprachkultur ablesen lässt. Das Dialektgemisch der Niederländischen Antillen beispielsweise, das Papiamento, setzt

pittoresk ankernden Yachten, bunten Lastenseglern und stolzen Cruise-Ships. Sogar das einstige „Rudolfs" ließ sich da ausmachen, wo bei kühlem Fassbier, Knödel und Sauerkraut damals so mancher Revolutionsplan ausgeheckt wurde. Auch das ehemalige Zentrum kommunistischer Macht, das ehemals kubagesteuerte Prime Minister's Office, rückt ins Blickfeld, sowie Fort George, wo militante Marxisten ihr blutiges Gemetzel vollbrachten, bevor die Intervention von US-Marines dem Spuk ein Ende setzte. Der im Volk beliebte

sich aus nicht weniger Zutaten als Spanisch, Holländisch und Portugiesisch mit je einem Schuss Indisch, Englisch, Französisch, Deutsch und Afrikanisch zusammen! Die Geschichte der hastigen Herrschaftswechsel und eines folglich schnellen kulturellen Austausches hat durch die Verschmelzung vieler sozialer Komponenten auf jeder einzelnen Insel einen farbschillernden Mikrokosmos hervorgebracht. Als Landmasse sind sie, alle zusammengenommen, im Vergleich mit dem europäischen Kontinent kaum existent,

wenngleich manche Distanzen zwischen den Mikro-Planeten bei den europäischen durchaus mithalten können: Zwischen Grand Cayman im Norden und dem südlichen Trinidad beispielsweise liegen über 2000 Kilometer! Dafür bieten manche Inseln weniger festen Boden unter den Füßen als Sylt. Puerto Rico erreicht immerhin die Fläche von Zypern, nur Kuba ist ein dicker Brocken und mit 110 860 Quadratkilometern noch größer als Portugal. Was wirklich zählt auf den Karibischen Inseln, ist die Großartigkeit ihrer Bewohner. Bevor Kolumbus das Insel-Tor zu britischer Korrektness, spanischen Tapas, französischem Savoir-Vivre und holländischer Toleranz öffnete, prägten die Stämme der Arawaks und der Kariben das kulturelle Leben. Nach den ersten Europäern kamen afrikanische Sklaven mit ihren spezifischen Kulturmerkmalen, später Asiaten. Den buntesten Schmelztiegel präsentiert Trinidad mit seinem ethnischen Erbe aus Südamerikanern, Europäern, Schwarzafrikanern, Indern, Arabern und Chinesen. Aus dem multikulturellen Mix ist nicht nur der größte und farbenprächtigste Karneval entstanden, sondern auch der Einfallsreichtum berauschender karibischer Getränke sowie eine ganz besondere Cuisine. Kreolische Eintöpfe, feurige Suppen und

vor allem Fisch kennzeichnen die Exzellenz der karibischen Küche, deren geschmackliche Nuancen gelegentlich durch die Muskatnuss, häufig durch Verwendung von Kokosnuss und immer durch ein großes Angebot feiner, frischer Gewürze zustande kommen.

Über eine ausgezeichnete Gourmandise hinaus hat der karibische Cocktail der Kulturen, Rassen und Hautfarben seine ureigene Musik erschaffen wie den Calypso und Reggae. Und den Tanz, in allen erotischen und exotischen Variationen. Nicht zu vergessen: Haitis naive Malerei, Kubas Literatur sowie die Kunst, wobei der Kunst als virtuose Technik des Überlebens ein besonderer Stellenwert zukommt. All das zusammen bringt ein typisch karibisches Lebensgefühl hervor, die innere und äußere Schönheit der Menschen, deren Fröhlichkeit und Leichtigkeit sowie die aus westlicher Sicht gelegentlich bemängelte Langsamkeit ihres Seins. Durch die Bitterkeit einer leidvollen Geschichte ermöglicht, entfaltet sich – bei allen sozialen Problemen, die auch vor paradiesischen Gestaden nicht Halt machen – auf den Inseln eine Süße, ein Aroma, ein Lebenselixier, das in dieser Konsistenz nur schwerlich anderswo zu finden ist.

*Oben:*
**Die grüne Iguana-Echse (Iguana delicatissima) bereichert die ansonsten sparsame Fauna der ABC-Insel Aruba. Unter dem Iguana-Label des harmlosen Tieres tauchen auch gefährlichere Varianten auf, etwa „Iguana Joe's Caribbean Bar", wo am promilleträchtigen Cocktail „Iguana Mama" niemand vorbeikommt.**

*Seite 26/27:*
**Sailors have more fun! Jedenfalls im Segelrevier der Tobago Cays mitten in den Grenadinen. Die fünf kleinen Inseln, umgeben von einem hufeisenförmigen Riff, sind ein wahres Karibikparadies, das allerdings nur mit dem Schiff zu erreichen ist.**

25

# VON DEN
# VIRGIN ISLANDS
# BIS TRINIDAD –
# DIE KLEINEN ANTILLEN

Die Perlenkette der Queen reicht mit dem einen Ende über die Britischen Jungferninseln, die Turks & Caicos und die Bahamas bis nach Bermuda hinauf, mit dem anderen nach Jamaika und den als steuerfreundlich bekannten Finanzplatz der Cayman Islands. Im Mittelfeld ragen Anguilla, St. Kitts & Nevis, Antigua & Barbuda und die Kariben-Insel Dominica aus dem Blau der Karibischen See, sowie, südlich der französischen Antilleninsel Martinique, mit St. Lucia, St. Vincent & The Grenadines, der Muskatinsel Grenada, dem urbritischen Barbados und den beiden gegensätzlichen Schwestern Trinidad & Tobago die restlichen karibischen Mitglieder des Commonwealth.

*Seite 28/29:*
**Die überirdische Schönheit des Valle de Viñales bei Pinar del Río stellt sich ausschließlich Besuchern dar, die über Nacht bleiben: Morgens, bei Sonnenaufgang, und abends, wenn die Hitze des Tages schwindet und das Licht weich wird und der Dunst sich zwischen den karstigen Hügeln senkt. Dann gibt es die ungewöhnlichsten Schatten- und Farbkompositionen zu bewundern.**

**Kingstown an der Kingstown Bay auf St. Vincent ist das Herzstück der Inselnation. Umgeben von Vulkanbergen ist hier der einzige Tiefseehafen der Insel, von dem aus auch die Versorgung erfolgt.**

Dominica entfaltet sein volles Maß an Mystik, wenn in den dichten Regenwäldern allabendlich die Geräuschkulisse aus ohrenbetäubendem Pfeifen, Quaken, urtümlichen Schreien und Zirpen anschwillt. Die Insel der letzten überlebenden Kariben ist auch eine Insel der Seen, der vulkanisch brodelnden Quellen, der Wasserfälle und der wolkenumhüllten Berge sowie ein Paradies für Ornithologen und Botaniker, das tropische Spezies im Überfluss hervorbringt. Dabei gibt es weder giftige Schlangen noch wilde Tiere, dafür mehr als 180 Vogel- und 55 Schmetterlingsarten; Von zwei ganz besonderen Froschspezies landet die größere Sorte schon mal als „Mountain Chicken" in der Bratpfanne der Einheimischen.

Als Christoph Kolumbus am 3. November 1493, einem Sonntag (spanisch „Domingo"), anlandete, trafen seine Mannschaften auf äußerst kampflustige Menschenfresser, an deren Widerstand die Europäer sich die Zähne ausbeißen sollten. Frustriert zogen diese nach heftigen Scharmützeln 1749 ab und überließen die Sonntagsinsel den stark dezimierten Ureinwohnern. Das nunmehr „herrenfreie" Dominica diente fortan als Fluchtpunkt auch für jene, die es geschafft hatten, den Massakern der Weißen auf den Nachbarinseln zu entkommen. Ein paar hundert waren insgesamt noch am Leben, als Dominica 1805 zur Britischen Kronkolonie erklärt wurde. Für die letzten ihrer Art schuf die Kolonialver-

*Rechts:*
**Die größte Insel der Grenadi-
nen, Bequia, ist nach einer
Atlantiküberquerung oft die
erste Anlaufstelle für Segler,
und in der Saison, zwischen
Dezember und April, Treffpunkt für Boote aus aller
Welt. An der Bar des legendären „Frangipani" zu
sitzen, um einen Planter's
Punch zu schlürfen, macht
einen Bequia-Sun-Set wie
diesen noch schöner.**

*Unten:*
**Ein Paradies auf Zeit: Auf
dem Segler „Scaramouche"
geht es durch die Traum-
welten der Tobago Cays
und nach Palm Island zum
Schnorcheln und Schwim-
men, wo man sich am Strand
bei einem Rum Punch auf
paradiesische Weise vom
anstrengenden Segeltörn
ausruhen kann.**

waltung ab 1905 Schutzgebiete, so dass heute
wieder 3500 Kariben auf Waitukubili, der „Großen Insel" leben.

## KARUKERA, DIE INSEL DER SCHÖNEN GEWÄSSER

Der Flughafen von Pointe-à-Pitre ist quirlig;
an manchen Tagen landen gleich mehrere Groß-
raumflugzeuge aus Paris. Rasch bleiben die letzten Außenbezirke der Hauptstadt Guadeloupes
zurück. Die Insel teilt sich in zwei nierenför-
mige Hälften, in Grande-Terre und Basse Terre,
den naturbelasseneren Teil. Dort geht die Fahrt
zunächst über die Rivière Salée, durch Farm-
landschaften mit mächtigen Bergsilhouetten in
der Ferne. Dann führt die Route de la Traversée
mitten in den Parc National de la Guadeloupe,
der sich als eines der größten tropischen Natur-
schutzgebiete der Welt rühmt. Eindrucksvoll
stehen der Piton de Bouillante und der Morne
Matéliane über dem dichten Dschungel. Frühe-

Als Christoph Kolumbus 1493 Guadeloupe
entdeckte, traf er auch hier auf kampflustige
Kariben. Im Rahmen der Nahrungsbeschaffung
hatten die wilden Menschenfresser ihre friedli-
chen Brüder, die Arawaks, die lange vor ihnen
hier gesiedelt hatten, schon erledigt, so dass den
Kariben die Europäer nur recht gekommen sein
mochten. Jedenfalls kehrte von einer Landex-
pedition eine Patrouille nicht zum Hauptlager
am Strand bei Ste-Marie zurück. Ein Suchtrupp
fand später nur noch spärliche Überreste und
Kolumbus ließ daraufhin jeden Landgang ver-
bieten. Am 28. Juni 1635 zogen dann Franzosen

*Oben rechts:*
**Die „Brother King's Old
Hegg Turtle Sanctuary" auf
Bequia, Grenadinen, wurde
1995 ins Leben gerufen, um
die Hawksbill Schildkröten
zu schützen.**

re Plantagen in den unteren Ebenen sind hier
längst wieder wucherndem Urwald gewichen.
Riesenfarne stehen wie seltene Grafiken mit aus-
ladenden Blätterkronen gegen das Azurblau des
Himmels. Über all der Naturpracht thront Guadeloupes schlafender Vulkan La Soufrière, der
letztmalig 1976 bedenklich zu schnaufen begann.

mit rasselnden Säbeln und Kanonen über die Insel, gegen die die Eingeborenen nichts ausrichten konnten. Mehrmals noch wechselte Guadeloupe die Besitzer und ist heute französisches Staatsgebiet.

Die Rückkehr aus dem Naturparadies Basse-Terre kann schnell zum Zivilisationsschock geraten, wenn sich die nachmittäglichen Blechlawinen im Stau nur stockend vorwärts bewegen: Auf Grande-Terre befinden sich Guadeloupes traumhafte Strände, folgerichtig auch die dichtesten Siedlungsgebiete. Ganz wie in Südfrankreich drängt sich hier alles zu Buchten, Wasser und Sand.

## BELLA LUCIA

Dem Charme St. Lucias zu erliegen ist keine Kunst: Zwischen wilder Tropenvegetation schimmern allerorten schneeweiße Strände und türkisblau das Meer. Ausgefallene Architektur ist ein Thema, nicht nur in Castries, der Hauptstadt: In den Suiten der Luxusherberge „Anse Chastanet" beispielsweise fehlen absichtlich ganze Wände. Kolibris und Fledermäuse haben freie Bahn und nachts sorgen pfeifende Baumfrösche für exoti-

sche Träume, denn nicht einmal Glas verstellt den unmittelbaren Kontakt mit dem Dschungel. Von der hölzernen Frühstücksplattform dieses Bergrefugiums geht der Blick – wie vom hölzernen Plankendeck eines Ozeanriesen – auf die Wahrzeichen St. Lucias, die beiden Pitons, deren Vulkankegel steil wie Zuckerhüte aus blauer See ragen.

Castries präsentiert sich europäisch: Die modernen Markthallen sind eine Spende der EG, am Derek Walcott Square, benannt nach dem lucianischen Nobelpreisträger für Literatur erhebt sich die Kathedrale der unbefleckten Empfängnis im neugotischen Stil, an den Piers des Kreuzfahrthafens Point Seraphine liegen weiße Traumschiff-Riesen vor quirligen Shopping-Malls. Neben den Markthallen bereiten Schnellimbisse („eateries") wohlschmeckende einheimische Küche zu, mobile Händler bieten an den Straßenecken Bananen, Papayas und Mangos oder frische Fruchtsäfte aus denselben an, und hier und dort schlägt Harry Belafontes „Coconut Woman" mit ihrer Machete zahlenden Gästen fotogen eine Kokosnuss auf. Wer statt des nahrhaften Natur-Drinks Cola bevorzugt, ist selber schuld.

*Oben:*
**Wer ins Grenada vergangener Jahrhunderte eintauchen will, muss zur Rum Destillerie River Antoine Estate. Nicht nur um den vorzüglichen „slightly overproof Royale Grenadian Rum – Originally Produced Since 1785" zu verkosten, sondern auch um das fabelhafte historische Ambiente zu erleben.**

*Rechte Seite:*
Arubas Eagle Beach, über hundert Meter breit, kilometerlang und mit puderweißem Sand, liegt im Windschatten der Insel – das reinste Badeparadies.

Idylle am Palm Beach von Aruba, das zu den Niederländischen Antillen gehört und der Küste Venezuelas vorgelagert ist.

Arubas wettergebeugte Divi-Divi-Bäume sind nicht nur ein Wahrzeichen der Insel, sondern geben auch zuverlässig und sichtbar an, woher der Wind weht.

*Links oben:*
Etwas außerhalb von Willemstad, der Inselhauptstadt von Curaçao, finden sich im Curaçao Museum liebevoll zusammengetragene Artefakte, die das Alltagsleben aus längst vergangenen Zeiten in die Gegenwart holen.

*Links Mitte:*
Das holländische Erbe ist überall anzutreffen: Das meistfotografierte Motiv der Niederländischen Antilleninsel, „The Mill Restaurant" an Arubas Palm Beach.

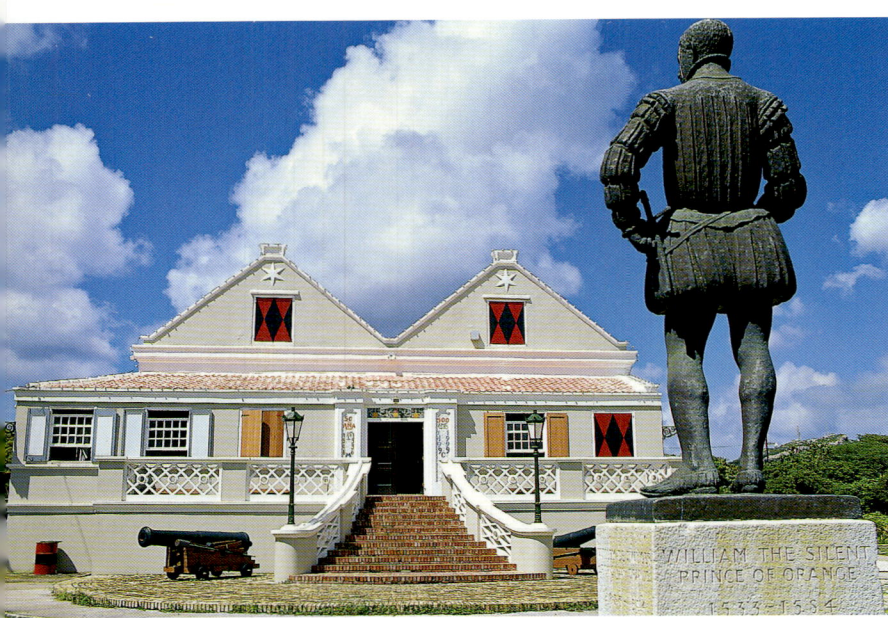

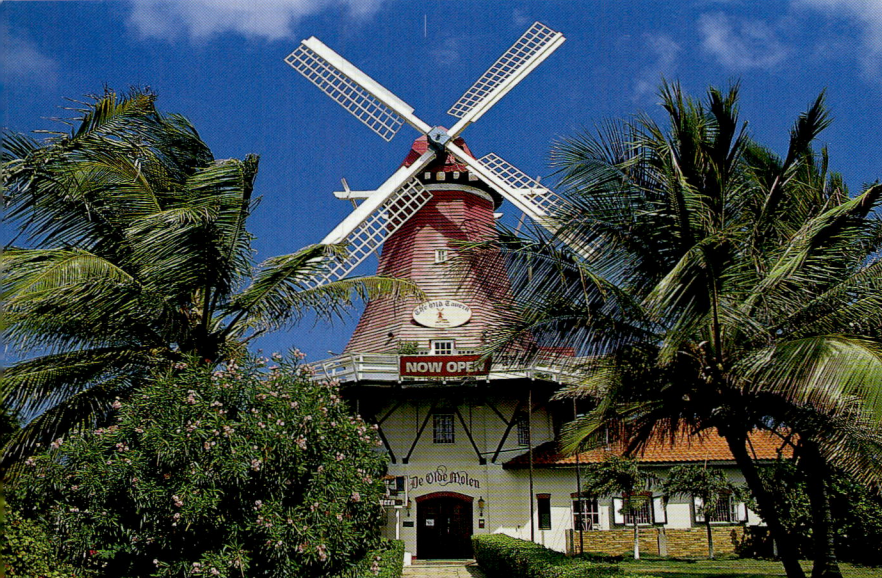

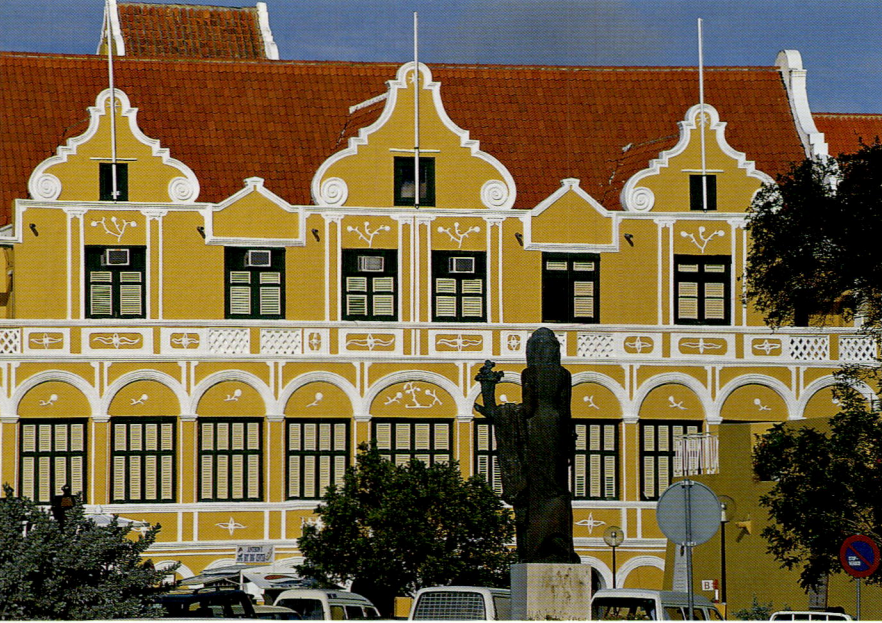

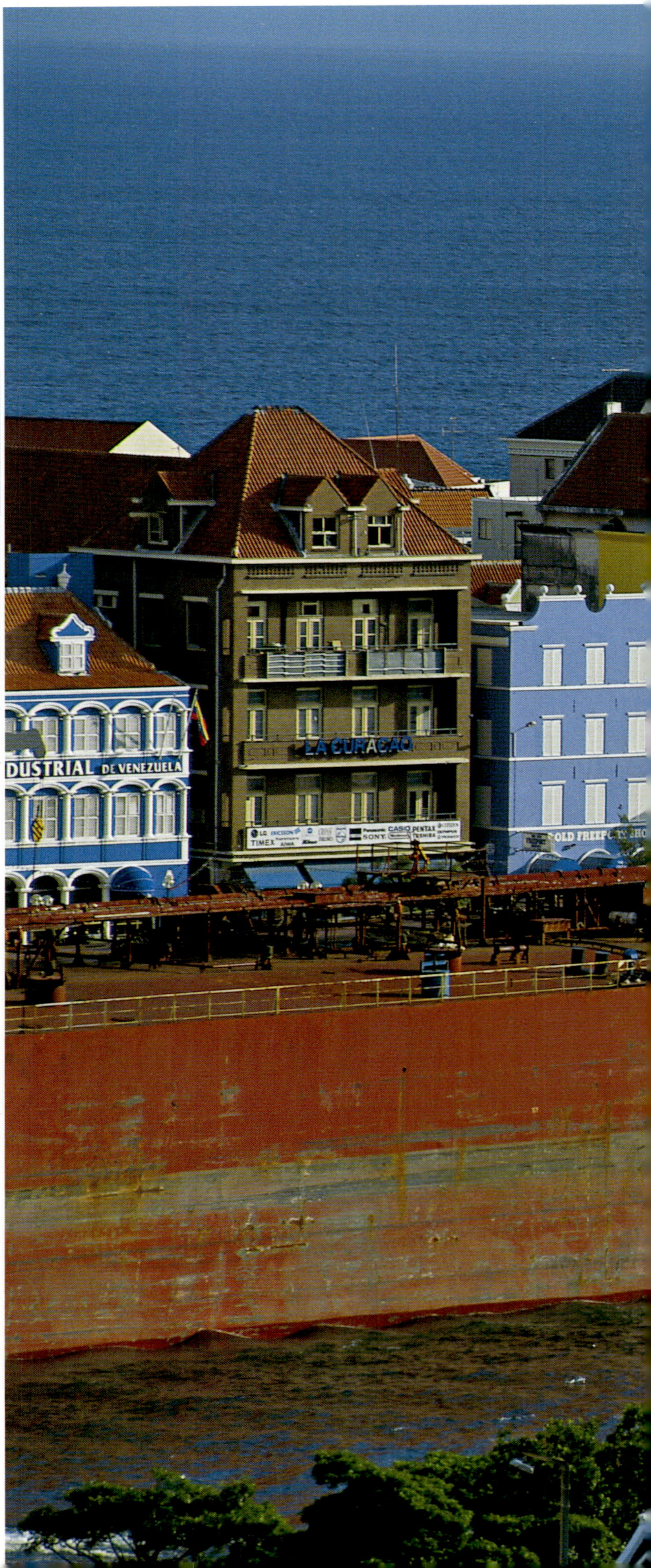

*Oben:*
Während im Westen Arubas
das Strandleben stattfindet,
gibt es an der rauen,
zerklüfteten Ostküste eine der
wenigen kulturellen Sehenswürdigkeiten, die kleine
Wallfahrtskirche Alto Vista.

*Rechts:*
Die Guadirikiri Höhle im Arikok
Nationalpark von Aruba birgt
alte indianische – und bislang
noch nicht entschlüsselte –
Zeichen sowie zahllose
Fledermäuse, die die Tropf-
steinformationen bevölkern.

*Oben:*
Folgt man von hier der Küsten-
route, stellte Arubas legendäre
Natural Bridge eine weitere
Attraktion dar. Allerdings
brach die dreißig Meter lange
und acht Meter hohe größte
natürliche Felsbrücke der
Karibik erosionsbedingt erst
kürzlich zusammen, was
ihr jedoch noch mehr Tages-
besucher bescherte.

*Links:*
Vom Casibari Rock, einem
verwitterten Granitfelsen, lässt
sich beinahe die ganze Insel
überblicken. Bei gutem Wetter
reicht der Blick bis zur Küste
von Venezuela.

Seite 40/41:
Pigeon Point auf Tobago hatte es immer schon einfach, auf die Titelseiten von Reisebroschüren, Bildbänden und Reiseführern zu gelangen, wobei das gern genutzte Motiv karibischer Werbespots in der Realität hält, was es verspricht: Gleißend der feine Korallensandstrand, lasziv die Palmen, und ankernde Yachten schaukeln zu sanftem Wellenschlag.

Während die Schwesterinsel Trinidad mit Hektik und Lärm aufwartet, sind – wie die friedliche Tropenszene bei Speyside beweist – solche Begriffe auf Tobago Fremdwörter.

*Kleine Bilder rechts:*
In Tobago ticken die Uhren ihren eigenen Rhythmus, „Caribbean time" eben – wie die Szenen aus dem Örtchen Parlatuvier zeigen: Mr. Lloyd Glocester in seinem Tante-Emma-Laden, Kinder in der anglikanischen Schule und Mr. Duran Chance & Frau vor dem Getränkeregal ihres winzigen Shops.

*Oben:*
Tranquilo: In der kleinen, abgelegenen Tropenidylle von Castara Bay scheint nicht mal „Caribbean time" zu existieren. Hier wartet die absolute Entspannung auf alle, die Stille und Ruhe suchen, an einem der schönsten Strandorte Tobagos.

*Links:*
Der Friedhof der Morian Moravian Church spiegelt nicht nur die Missions-Geschichte Tobagos wider, sondern auch das Flair vergangener Zeiten.

*Links oben und Mitte:*
Das Asa Wright Nature Center in Trinidad
ist mit 108 verschiedenen Säugetierarten,
460 Vogel-, 55 Reptilien-, 25 Amphibien- und
617 Schmetterlingsarten eines der tierreichsten
Naturreservate des tropischen Amerika.

**Links unten:**
Regenwaldatmosphäre am Arima River:
Den Besuchern präsentiert sich im Asa Wright
Nature Centre eine unerschöpfliche Fülle an
Flora und Fauna. Allein das Flusstal des Arima
zählt 29 verschiedene Arten Fledermäuse.

**Unten:**
Erinnert an Harry Belafontes Ohrwurm
„My Island in the Sun": Hügeliges Küstenland
über der Castara Bay von Tobago, die mit ihrem
Charme auch unverbesserliche Reisehektiker
garantiert ruhigstellt.

Trinidad & Tobago feiert den zweitgrößten Karneval der Welt. Und, wie die Bewohner der gegensätzlichen Schwesterinseln gerne behaupten, den wildesten und gewaltigsten in der gesamten Karibik. Vor 250 Jahren hielten die französischen Pflanzer ihre ersten Maskenbälle ab, zu denen afrikanische Sklaven die Trommeln schlugen. Diese griffen das Spektakel samt Kostümierungen schnell auf, würzten hier und da afrowestindisch nach und setzten so den typisch karibischen Karneval in die Welt.

Alljährlich im Februar spielt in Trinidad & Tobago die Nation verrückt, wenn Steelbands, Kings and Queen of the Bands, Ol' Sailor Bands, Moko Jumbies (Stelzenläufer) und die berauschend karnevalistisch ausgestattete Weiblichkeit durch die Straßen ziehen. Zur Freude eines multikulturellen Publikums, zum Sound von Calypso, Kaiso, Gospelypso, Soca, Chutney Soca, Ragga Soca und Rapso.

# KARIBISCHER KARNEVAL –
# CARNIVAL AN

**1826 schrieb ein englischer Offizier aus Trinidad an seinen Freund nach Europa: "Schade, Bayley, daß du den Karneval nicht erleben kannst. Du machst dir keine Vorstellung über die Ausgelassenheit, die hier losbricht, und Ovids Metamorphose ist nichts gegen das, was da mit den Bewohnern des katholischen Trinidad plötzlich passiert."**

**Die fast 200 Jahre alte Beobachtung trifft heute noch zu, wenn beim „Jump up" (oder „J'ouvert") in den frühen Morgenstunden des Rosenmontags das karnevalistische Treiben explodiert und die größte Party der karibischen Welt beginnt.**

Den größten Karneval der Karibik bietet Trinidad & Tobago, der nach dem brasilianischen der zweitgrößte der Welt ist. Allerdings hat das Motto „Die Narren sind los" auf den West-Indies das ganze Jahr über Saison, weil auf einem der vielen Eilande ganz sicher gefeiert wird. Zum Beispiel auf Antigua, wo die Zeit der Jecken Ende Juli/Anfang August stattfindet. Aber selbst ohne Karneval ist dort planmäßig der Teufel los, sonntags auf Shirley Heights: Reggae- und Steelbands stampfen heiße Rhythmen zu Spare-Ribs vom Grill und Carib Lager, dazu leuchtet von tief unten stahlblau der eindrucksvollste Ankerplatz der Karibik, English Harbour, herauf, wo Horatio Nelson um 1785 die königliche Flotte dirigierte.

„Ladies and Gentlemen" – das zur „Carnival City" umfunktionierte Cricket Stadion von St. John's bebt schon bei der bloßen Ansage. Dann rauscht die erste kaffeebraune Schönheit im glitzernden Phantasiekostüm über den Laufsteg. Natürlich warten die Mitbewerberinnen um den begehrten Titel „Caribbean Queen" aus Grenada, St. Lucia, St. Kitts, Dominica und Trinidad schon fiebernd

auf ihren Auftritt, haben aber gegen diese hier nur wenig Chancen. Denn was da gerade so exotisch im Scheinwerferlicht vorbeischwebt, ist bereits Miss Antigua und aufgrund ihres Heimvorteils schon so gut wie gekrönt. The Calypso Competition, The Judging of Bands, The Caribbean Queen Show – das sind nur einige der Entrées eines Mega-Programms, das in der letzten Juliwoche in „Carnival City" mit viel Getöse abläuft. Der erste Höhepunkt eröffnet sich mit „J'ouvert" am Rosenmontag und ist nichts für Langschläfer: Um vier Uhr früh füllen sich die Straßen von St. John's mit singenden und tanzenden Karnevalisten und mit Sattelschleppern, deren Ladeflächen mit Großraumlautsprechern bestapelt als akus-

# ...IGUA

swingende Inselbevölkerung, „dass der Mittwoch ein normaler Arbeitstag ist!" Doch die öffentliche Mahnung verhallt im „las lap", dieser allerletzten Runde, weitgehend ungehört.

„Zuviel Sex-Appeal", wettert tags darauf der Daily Observer angesichts knapp bekleideter Calypso-Girls und deren verderbliche Wirkung auf die Jugend. Schon steht die christliche Tradition des Inselkarnevals in der Diskussion. Das

tische Plattformen die Stimmung musikalisch anheizen. „Jumping up" nennt sich die morgendliche Aktion, und lässt die afrikanische Seele der Tänzer, Trommler und Sänger, die das blanke Chaos durch die Gassen treibt, ungebremst abdampfen. Das sonst so verschlafene Städtchen zittert dann phonstark im mitreißenden Calypso-Sound. Dienstag ist Umzugstag. Wagen auf Wagen, Tanzgruppe auf Tanzgruppe setzt sich in Bewegung. Bald schieben sich an die zehntausend kostümierte Aktive ekstatisch durch die wartenden Menschenmengen an den Straßenrändern St. John's, bei schweißtreibender Hitze. „Vergesst nicht", appellierte der lokale Fernsehsender am Morgen noch an die nun tanzende und

aber kümmert, solange das Fest läuft, niemanden so wirklich. Und danach? Am Aschermittwoch stechen wie gewohnt die Segelkatamarane zu ihrer achtstündigen „Circumnavigation" in See. Rund um die Insel, zum Schnorcheln, Sightseeing und zum Strändezählen. Ob es tatsächlich 365 („one for every single day") sind, wie die Antiguaner gerne behaupten, weiß bis heute niemand so genau. Auch ernsthaften Statistikern kommt beim Auflisten meist der Calypso und danach der Rum Punch dazwischen. Auf jeden Fall sind es alles Bilderbuchbuchten, von glänzenden Kokospalmen gesäumt, umringt vom karibischen Blau in allen Farbschattierungen, mit einer Badetemperatur, die niemals unter 25° Celsius sinkt.

Der Karneval bedeutet – neben allerlei Firlefanz, Tanz und Musik und schrillen Maskenmenschen – vor allem ein Fest der Kostüme: Den skurrilen Entwürfen der Designer sind keine Grenzen gesetzt, und so stakst, rollt, tanzt, hüpft, schwebt oder streift manchmal der blanke Irrwitz in Form großartiger Kunstkreationen am staunenden Publikum vorüber.

Terrassenförmig ziehen sich rings um die alten Hafengassen von St. George's in der Sonne leuchtende Fassaden die Inselberge hinauf, die von Fort George (1706) (rechts) und Fort Frederick (1783) – zwei beeindruckenden Bastionen kolonialer Geschichte – gekrönt werden.

*Seite 50/51:*
Unbestritten gilt St. George's als die schönste Hafenstadt der Karibik. Am hufeisenförmigen Hafenbecken, der Carenage, geht es gemächlich zu, wenn unter lautstarkem Hauruck die am Kai liegenden Schiffe beladen werden, welche von hier aus die Nachbarinsel Carriacou sowie andere Eilande der Grenadinen-Gruppe beliefern.

Grenada ist eine beschauliche Perle geblieben. Wenngleich in der Nähe des pittoresken Marktplatzes von St. George's (unten) eine brandneue Pier für riesige Cruise-Liner gebaut wurde, über die manchmal auf einen Schlag tausend Passagiere auf die Insel kommen, ist hier Tourismus im großen Stil noch immer unbekannt. Nach ein paar Stunden ist der kurze und für den lokalen Handel durchaus wünschenswerte Konsumspaß der Traumschiff-Passagiere schon wieder vorbei, und die Muskatnussinsel fällt in ihren gewohnt ruhigen Rhythmus zurück.

*Rechts Mitte:*

Spice Island: Nicht nur Muskat macht Grenada zur Gewürz-insel, auch Zimt, Nelken, Lorbeer, Vanille und Ingwer gedeihen prächtig. Außerdem Piment, Pfeffer, Chili, Thymian sowie qualitätsvoller Kakao, aus dem die kleine Grenada Chocolate Company köstliche dunkle Schokolade herstellt.

Wer den Namen hört, denkt an den Likör. Schließlich ist Curaçao durch die Geschichte der missratenen Apfelsinen berühmt geworden. Und die erzählt, dass die spanischen Entdecker Setzlinge der saftigen Valencia-Orange dabei hatten, die als Grundstock für Orangenplantagen dienen sollten. Was dann allerdings aus der mageren Inselerde kam, war bitter und völlig ungenießbar und derart abscheulich, dass nicht mal die Ziegen es mochten. Erst 200 Jahre später fand der Zufall heraus, dass die getrockneten Schalen der inzwischen wildwachsenden Orangen ein äußerst aromatisches, ätherisches Öl enthielten. Experimente mit Alkohol und Gewürzen riefen schließlich den weltbekannten Likör ins Leben, den Original „Seniors Curaçao Liqueur". Immer noch ist in der alten Brennerei im Landhuis Chobolobo nahe Willemstad der alte Kupferkessel aus dem Jahr 1896 zu besichtigen, in dem das bittere Öl der „Citrus Aurantium Currassuviensis", der missratenen Orange, gewonnen wurde. Weltweit gibt es inzwischen kaum eine professionell sortierte Bar ohne Curaçao in den Farben der Karibik: Blau, Orange, Grün oder Rot.

Eine andere Geschichte karibischer Cocktail-Zutaten beginnt 1820 in Schlesien mit der Emigration des

**Weitläufige Zuckerrohrfelder verweisen immer auch auf eine Rumfabrik, die ständig frischen Nachschub benötigt. Im Bild: Plantagenarbeiter bei der schweißtreibenden Ernte nahe der 1504 gegründeten Stadt Higüey in der Dominikanischen Republik.**

**Früchte und Säfte in äußerst beliebter Kombination – mit Rum und Eis.**

Militärarztes Johann Gottlieb Benjamin Siegert nach Venezuela, wo er im kleinen Ort Angostura am Orinoco ein Hospital leitete. Als Heilmittel gegen Fieber, Magen- und Darminfektionen mischte der Mediziner dort aus tropischen Pflanzen eine Kräutertinktur zusammen, die er „Amargo Aromatico" oder „Aromatic Bitters" nannte. 1830 exportierte Dr. Siegert seine Gesundheitstinktur erfolgreich nach Trinidad und England, später nach ganz Europa. Allerdings fand sein Heilpflanzensaft weniger den Weg in die Apotheken als in die Bars, wo er seither als aromatisches Würzmittel für eine Vielzahl von Cocktails unverzichtbar geworden ist. Siegerts Söhne Carlos

# KTAILS

und Alfredo verlegten die Angostura-Produktion nach Trinidad, wurden 1904 Hoflieferanten des Königs von Preußen, wenige Jahre später kamen die Königshäuser Spaniens und Englands hinzu, heute beliefert die in Trinidad & Tobago ansässige Brennerei der Familie Siegert mit ihrer begehrten Cocktail-Zutat die ganze Welt.

Als Hauptbestandteil karibischer Cocktails gilt selbstredend der Rum. Seine Geschichte beginnt mit weitflächigen Zuckerrohrplantagen, wo man schnell herausfand, wie sich aus dem Zuckersaft eine hochprozentige Flüssigkeit brennen ließ. Schon Mitte des 17. Jahrhunderts wurde auf Barbados der erste Rum destilliert, der aber so scharf war, dass ihn die Männer respektvoll „kill-devil"

nannten und sehr vorsichtig damit umgingen. Wenn das nicht klappte, kam es schnell zum Krawall, einer „rumbullion" auf Englisch, was den Namen erklärt. Ein Qualitätsprodukt wird mindestens sieben Jahre lang in alten Eichenfässern unter Zusatz von Aromastoffen wie Vanille, Karamell oder Mandel gelagert, was dem Rum seine honigfarbene Tönung verschafft. Die wohl bekannteste karibische Sorte ist der Bacardi. Schon 1862 gründete der Katalone Don Facundo Bacardi die erste Bacardi-Destillerie in Santiago de Cuba. Heute wird Bacardi weltweit in sieben Destillerien produziert; die karibischen sind auf den Bahamas, in Trinidad und Puerto Rico. Aus Rum, Fruchtsäften und weiteren, manchmal geheim gehaltenen Zutaten gemixt, kreieren karibische Barkeeper ihre berühmt-berauschenden Cocktails, ohne die stilechte Caribbean Dreams nicht zu träumen wären. Der bekannteste Mischdrink, bei jeder Gelegenheit und in großen Mengen ausgeschenkt, ist der Rum Punch, der süßeste die Pina Colada.

## COCKTAILS

### Curaçao Banana Dreamboat
5 cl Curaçao „Orange"
8 cl ungesüßter Orangensaft
1 Banane
Mit Eiswürfeln in den Mixer geben
und im kalten Glas servieren.

### Blue Beard's Favorite
3 cl Curaçao „Blau"
3 cl Wodka und 3 cl Gin
Mit Eis in den Mixer, ein paar Tropfen
Limonensaft dazugeben. In Cocktailschale
mit Zuckerrand servieren.

### Trinidad Cocktail
6 cl Rum
3 cl Limetten- oder Zitronensaft
1 Teelöffel Zucker
4 Spritzer Angostura
Zerstoßenes Eis

### Antigua Stinger
4 cl Pimentolikör
4 cl Orangensaft
Eiswürfel

*Rechte Seite:*
Kilometerlang und meist menschenleer: Die Grand Anse, St. George's Haus-Beach, an dem sowohl der Campus der US-amerikanischen St. Georges University School of Medicine als auch Grenadas nobelste Herberge, das Fünf-Sterne-Luxusresort „Spice Island Inn" liegt. Was jedoch der natürlichen Schönheit der Grand Beach keinen Abbruch tut.

In Grenadas Mount Rodney Estate bei Sauteurs lässt sich nicht nur eine feine, landestypische Küche genießen, sondern auch ein traumhafter Ausblick auf die dichte, tropische Vegetation und die weite Karibische See.

Auf beinahe 600 Metern Höhe liegt der Kratersee Grand Etang im Zentrum des Grand Etang Nationalparks auf Grenada. Zu den Attraktionen gehört, neben Ara-Papageien, Affen, Falken und Gürteltieren, auch eine üppige Regenwaldvegetation.

Das Segelrevier der Tobago Cays, winzige, unbewohnte Inseln nahe Mayreau, sind ein Traum: Strand, Kokospalmen, Korallenriffe und türkisfarbenes Wasser. Für Taucher und Schnorchler das Paradies. Die Inseln sind nur mit dem Boot zu erreichen und die Einfahrt in den Archipel ist nicht ganz einfach. Wer diesen Platz einmal erreicht hat, will nicht mehr fort.

*Seite 62/63:*
Port Elizabeth ist die Hauptstadt von Bequia, der größten Grenadinen-Insel, wobei von Stadt kaum die Rede sein kann: In ihrer Hauptstraße finden sich kaum mehr als eine Handvoll Restaurants und dazu noch einige Häuser. An einer der schönsten Buchten der Grenadinen, Bequias traumhafter Admiralty Bay, finden Besucher in der einstigen Walfängersiedlung karibisches Ambiente, kombiniert mit einer herrlichen Unterwasserwelt und hervorragenden Tauchplätzen.

Geschichten über die alten Zeiten.
Immer noch ist den Insulanern
erlaubt, pro Jahr zwei Wale
zu erlegen. Aber ausschließlich
mit Handharpunen und in
traditionellen Holzbooten.

*Rechts unten:*
Das Plantation House Hotel
auf Bequia bietet eine
sehr stilvolle Unterkunft im
„Caribbean style" und lockt
mit einer hervorragenden
Küche.

*Unten:*
Blick von Union Island auf Palm Island, das einstmals ein moskitoverseuchtes, unbewohntes und unattraktives Eiland war. Inzwischen hat sich das Aschenputtel zu einer bildschönen Insel verwandelt, die stolz auf eine ganze Reihe Auszeichnungen verweisen kann: „The World's Leading Private Island", „The Caribbean's most romantic resort" oder „One of the best places to stay in the world".

*Rechts:*
Natürlich verfügt Palm Eiland über einen herrlichen Sandstrand, an dem man meist alleine ist.

*Oben:*
Der Anchorage Yacht Club in Clifton Harbour, auf Union Island, ist beliebter Treffpunkt für Segler aus aller Welt.

Direkt neben dem Anchorage-Moorings legen an der Pier die Postschiffe und Frachter an, die die Verbindung mit der Mutterinsel St. Vincent herstellen, und dann wird es auf der sonst verschlafenen Hafenmole ziemlich lebendig.

Autos sind ziemlich nutzlos
auf der kleinen, paradiesischen
Insel Mayreau, weil es dort
keine Straße gibt. So gibt es
umso mehr Boote. Mayreau
ist eine gemütliche Insel, und
wenn man die Ruhe sucht,
lohnt auf alle Fälle ein Besuch.

*Seite 68/69:*
Zwischen Carriacou, das
zu Grenada gehört, und Union
Island (im Bild) verläuft die
Grenze zwischen den beiden
Inselstaaten Grenada und
St. Vincent & The Grenadines.
Union Island ist gerade einmal
4,5 Kilometer lang und 1,5 Kilo-
meter breit. Der höchste Berg
dort ist der Mount Parnassus
mit 275 Metern.

Petit St. Vincent ist eine
Privatinsel und gerade einmal
4,5 Hektar groß. Die maximal
44 Gäste verteilen sich in
22 Cottages, alle mit Blick
aufs Meer, und werden von
etwa 80 Angestellten bestens
versorgt. Hier erfüllt sich
der karibische Urlaubstraum.

Es hilft nichts: Für die meisten wird es bei diesen Bildern bleiben, denn Mustique ist Mick-Jagger-Terrain und VIP-Lounge für Besucher aus Showbizz, Königsadel und handverlesenem internationalen Jetset. Die meisten Häuser dieser ganz besonderen Grenadineninsel sind herrliche Luxusvillen, gehören zu sehr prominenten Namen und lassen sich über die Verwaltung Mustique Company anmieten, wenn die Promis gerade nicht zu Hause sind – was meist der Fall und ein schwacher Trost für jene ist, die sich den Traum sowieso nicht leisten können. Selbstredend leben auch noch ein paar einheimische Fischer auf der Insel, die den VIPs das notwendige Lokalkolorit besorgen, beispielsweise in Basil's Bar (unten und rechte Seite) bei einem eiskalten Carib Lager Beer.

# DIE SCHATZINSELN DER

Das Potenzial des winzigen Inselchens, an dem Christoph Kolumbus achtlos vorbeisegelte, hatte der steinreiche Londoner Industrielle Leon Royden als erster erkannt, als er das Luxushotel „Malliouhana" in den Sand und Anguilla auf die touristische Weltkarte setzte. Auf die Frage, wer außer Dustin Hoffman und Demi Moore noch alles auf der Gästeliste stehe, schweigt Juniorchef Nigel Roydon lächelnd, schließlich lebt es sich hier von der Diskretion, und das nicht schlecht: Die teuerste Nacht kostet 2400 Dollar. Ohne Frühstück, versteht sich. Mittlerweile hat sich auf dem lang gezogenen, flachen und nur von Büschen bewachsenen Koralleneiland ein Dutzend weiterer feiner Strandherbergen etabliert, darunter das „Cap Juluca", das mit seinem maurischen Ambiente zu den zehn besten Luxusabsteigen der Karibik zählt. „Claudia Schiffer, Mick Jagger, Ulrich Wickert und Bill Gates", mag sich Eustace Guishard, der anguillanische Chef des Nobelresorts, an die bekanntesten Namen erinnern.

Aus der einstigen Plantage Peter Island, einem Privateiland der Britischen Jungferninseln, kreierte der norwegische Millionär Peter Smedwig ein Luxus-Resort mit besten Aussichten: Ringsherum produzieren Traumbuchten und -strände „kodak moments" wie aus dem Werbekatalog, weshalb Robert Louis Stevensons „Treasure Island" hier verfilmt und die Deadmans Bay von der Los Angeles Times zum romantischsten Strand der Welt erklärt wurde. Ultimative VIP-Schaukel der Virgins aber bleibt Necker Island. Das exklusive Hideaway gehört dem legendären Hippie-Milliardär Richard Branson (Virgin Records, Virgin Airlines), der sich mit seiner Virgin-Insel einen Lebenstraum erfüllte. Wer 12 000 US-Dollar pro Woche anlegt, darf auf 300 000 Quadratmetern zwischen Steilklippen und Palmenstränden Robinson spielen. So richtig hart kann das aber nicht sein, schließlich haben es Robert Redford, Steven Spielberg, Paul McCartney und Mariah Carey klaglos überstanden.

*Unten:*
**Obwohl Mustique eine Privatinsel ist, leben hier noch ein paar Einheimische als Fischer und in einer kleinen Siedlung gibt es auch Lokale und Kneipen für die Nicht-Reichen.**

Oben:
**Nur wenigen ist es vergönnt, Mustique zu besuchen. Vom Segelboot fährt man mit Dingi zur Mole, um von dort mit dem Taxi das acht Quadratkilometer große Eiland (fünfmal so groß wie Helgoland) zu erkunden.**

*Mitte und links:*
**Mit ausgesprochen geschmackvollen Gingerbread-Verzierungen machen die Boutiquen an Mustiques Britannia Bay atmosphärisch ordentlich etwas her. Ob das besondere Ambiente das Preis-Leistungs-Verhältnis in Corea's Food Store rechtfertigt, ist eine andere Sache.**

Im St. Jame's Club auf Antigua logieren seit jeher Stars wie Whitney Houston und Joan Collins – zwischen Reitställen und Golfplätzen, in feudalen Villen mit eigenem Pool, umgeben von tropischen Gärten. Zuweilen steht da schon mal ein edler Rolls-Royce-Oldie mit britischem Kennzeichen vor der Tür. Wer es diskreter braucht, muss zur schmucklosen Schwesterinsel Barbuda hinüber. Das flache Eiland hat außer seiner Ortschaft Codrington nur eine Brutkolonie von rund 250 Fregattvögeln zu bieten, eine fischreiche Lagune, unter Wasser zahllose Schiffswracks, darüber rosafarbene Strände – und den 1991 von der italienischen Modedesignerin Krizia eröffneten „K-Club". Dort logierte Prinzessin Diana mit Vorliebe.

Zwischen St. Kitts und der Vulkaninsel Montserrat verbirgt sich das ebenso winzige wie exklusive Nevis, auf dem historische Plantagenherrenhäuser und Zuckerrohrmühlen umgeben von dichter Regenwaldvegetation ein ganz besonderes Ambiente verströmen. In den rustikalen Edelherbergen namens Nisbet Plantation, Golden Rock, Old Manor Estate und Hermitage Plantation – um nur einige zu nennen – geben sich Promis aus Politik, Wirtschaft und Showgeschäft die Klinke in die Hand. Gut möglich, dass Rod Stewart an „Sunshine's" legendärer Bretter-Bar auf der Pinney's Beach nach dem gefürchteten „Killer Bee"-Cocktail seinen Hit „I am Sailing" im Sinn hatte, beim Blick auf das frappierende Türkis der Karibischen See. Jedenfalls sprechen die Namen prominenter Nevisliebhaber für sich: James Michener, Robert de Niro, Sylvester Stallone und Woody Allen waren da, und seit Jahrhunderten schon reisten Mitglieder der Royals aus dem fernen London zum Heilbaden nach Nevis.

*Linke Seite:*
Hauptstadt Kingstown:
Hier schlugen sich Ende des
18. Jahrhunderts Franzosen,
Engländer, „echte" Kariben,
die zuvor die ansässigen
Arawak-Indianer massakriert
hatten, um St. Vincent. Auch
die gefürchteten Black Caribs,
die Nachkommen eines 1675
gestrandeten Sklavenschiffs,
mischten beim Gerangel um
die Macht kräftig mit.

Herzstück Kingstowns ist die
römisch-katholische St. Mary's
Cathedral, die im 19. Jahrhundert aus einer Mischung
verschiedenster Stilelemente
entstanden ist.

In einer mehrstündigen
Wanderung kann man den
1234 Meter hohen Vulkan
La Souffrière ersteigen und in
den Schlund des schlafenden
Riesen blicken. Der letzte Ausbruch war 1979. Ohne Führer,
warme, wetterfeste Kleidung,
ausreichend Kondition und
gutes Schuhwerk sollte man
den spektakulären Aufgang
aber eher nicht wagen.

# VON GRENADA BIS ST. VINCENT –
# MIT DEM POSTSCHIFF
# DURCH DIE GRENADINEN

Wer von der Karibik mehr als Hotels und Strand sehen möchte, packe Abenteuer, Neugier und Zeit ein und starte am Bananenpier. Zu einem einzigartigen Island Hopping, das sich sonst nur betuchte Yachties oder – sehr preiswert mit dem Postdampfer – die Einheimischen leisten können, und zwar durch die Inselwelten von Bequia, Mustique, Canouan, Mayreau, Carriacou und Union Island. Das sind nur die größeren unter den drei Dutzend Eilanden, die zwischen St. Vincent und Grenada im Tiefblau der Karibik vor sich hinschlummern.

An der Hafenmole geht es lebhaft zu: Lieferwagen halten, Kisten werden mit Karren herangerollt, Kleinmöbel stapeln sich am Fahrbahnrand. Dann rauscht die Schnellfähre „Osprey Express" auf die offene See hinaus, während die malerische Kolonialkulisse von St. George's, Grenadas pittoresker Hauptstadt, schnell kleiner wird. Bald schon tauchen aus dem karibischen Blau Carriacous Inselberge über dem verschlafenen Hafenörtchen Hillsborough auf. Dort haben sich am Anlegesteg erwartungsfroh Neugierige versammelt, fröhlich schwatzend, und aus der Hafenbar wehen heißblütige Calypso-Rhythmen.

Eiskaltes Carib Lager Beer macht die Runde, als die Sonne blutrot versinkt. Zwischen Carriacou und Union Island verläuft die Staatsgrenze zwischen Grenada und St. Vincent, weshalb am nächsten Morgen ein Stempel in den Pass muss, bevor das Wassertaxi „Jasper" die nächste Etappe überbrückt. Jenseits der Passage stehen die verschwommenen Umrisse Unions über dem frühen Dunst der See. Nach einer atemberaubenden Reise durch smaragdgrüne Wasserflächen, aus denen farbschillernde Unterwasserwelten glasklar bis an die Oberfläche scheinen, läuft auf Union Island gerade die „Barracuda" ein.

Als Postboot und Linienfrachter verkehrt sie planmäßig zwischen St. Vincent und Union. Am nächsten Morgen steht ein noch blasser Sonnenball zaghaft über der See, im fahlen Dunst werden die bizarren Gebirgskonturen Union Islands hinter dem stampfenden Schiff schnell kleiner. Gespenstisch zieht eine Filmkulisse durchs frühe Licht, es ist die Dreimastbark „Mandalay", Heimathafen Martinique.

traumhaften Riffen. Nach dem Ablegen taucht schon bald die Insel Canouan aus der See wie ein Stück Norwegen mit schroffen Felswänden, die steil ins Meer fallen. Als vor Jahrzehnten noch die „Saimstrand" diese Route befuhr (sie ist längst gesunken), stand nach Canouan noch der Prominentenstopp Mustique auf dem Fahrplan, doch die „Barracuda" lässt das Dorado der Superreichen rechts liegen und dampft hurtig weiter, um pünktlich an der Mole Port Elizabeths auf Bequia festzumachen. Bequias Hafen ist die erste Anlaufstelle für Skipper nach überstandenen Atlantiktörns, und wo ließe es sich besser einen Planter's Punch bestellen, als im legendären „Frangipani", einen Song Bob Dylans hören, der sich von Bequias Bootsbauern seine „Water Pearl" hat bauen lassen? Doch pünktlich eine Viertelstunde später legt die „Barracuda" wieder ab, um gegen Mittag in St. Vincents Kingstown Bay einzulaufen. Mit spektakulären Ausblicken auf die Inselparadiese der Grenadinen vervollständigt der halbstündige Rückflug nach Grenada die außergewöhnliche Schiffsreise.

Vor Mayreau wird ein- und ausgebootet, da es keine Mole gibt. Dafür jede Menge Ziegen, aber nur 200 Einwohner, von denen gewöhnlich die Hälfte am Strand steht, um das morgendliche Spektakel nicht zu versäumen. Ölfässer und Kleinkinder, Hühner und Colakästen gehen über die Reling, an der Bordwand drängeln sich bunte Boote, um die kostbaren Frachten zu übernehmen. Wer hier den Ausstieg wagt (das nächste Postboot kommt bestimmt), könnte vom Inselkirchturm aus Canouan, Union Island und bei klarem Wetter sogar Grenada sehen, sowie die fünf Koralleninseln der Tobago Cays mit ihren

*Oben:*
**Hier, an der Carenage von St. George's, legt die Schnellfähre „Osprey Express" täglich nach Fahrplan ab.**

*Ganz oben:*
**Wenn im Hafen von Kingstown die „Barracuda" anlegt, geht für viele, die von Bord müssen, ein unvergessliches Erlebnis zu Ende: ein Island Hopping durch die Grenadinen per Schiff, was ansonsten nur Seglern vorbehalten ist.**

Barbados' Bevölkerung besteht zu 90 Prozent aus den Nachfahren afrikanischer Sklaven, die seit 1670 auf die Insel verschleppt wurden, um die weitflächigen Zuckerrohrplantagen der englischen Kolonialherren zu bewirtschaften.

Die heutigen Einwohner genießen das Leben: Clifford Seanlebury & Mismaal Gillees (links oben) verbringen den Nachmittag an einem schattigen Platz – Domino ist Nationalsport (links Mitte) – Fischmarkt in Speightstown, der zweitgrößten Stadt der Insel (links unten).

Bridgetown (unten) ist die Hauptstadt Klein-Englands, wie Barbados zuweilen genannt wird, und es wirkt tatsächlich manchmal britischer als ein vergleichbares Städtchen im ehemaligen Mutterland.

Jedoch unterscheiden sich das Klima und die Menschen doch etwas: Wirt hinterm Tresen eines Pubs in Bridgetown (rechts oben), Insulanerinnen in Kolonialtracht (rechts Mitte), gemütlicher kleiner Laden in Speightstown (rechts unten).

*Oben:*
Drei stilechte Möglichkeiten
bietet Barbados wild-
entschlossenen Hochzeitern:
Entweder in St. Mary's
(hübsche, georgianische Kirche
im tropischen Blütengarten)
oder St. Michael's (historische
Kathedrale aus dem Jahr 1665)
oder „on the beach".

*Rechts:*
Zwischen Cluffs Bay und Middle
Bay liegt „North Point", der
nördlichste Punkt von Barbados.
Hier treffen Atlantik und
Karibisches Meer aufeinander.

Starke Ansichten: Bajans, wie sich die Einwohner von Barbados selbst nennen, am Strand. Vor allem Surfen ist bei den jungen Menschen beliebt. Dieser Sandstrand liegt an der Westküste im St. James Bezirk.

Kreuzfahrtschiff vor dem Wahrzeichen von St. Lucia, den beiden Vulkankegeln. Petit Piton (736 Meter) und Gros Piton (795 Meter) ragen wie ungleiche Zwillingszuckerhüte aus der malerischen Baie des Pitons.

Nicht weit von hier blubbern St. Lucias Sulphur Springs, heiße Schwefelquellen, wo sich in historischen Zeiten Engländer wie Franzosen mit Salpeter für die Schießpulverherstellung versorgten.

Die zweitgrößte Stadt von St. Lucia, Soufrière, schließt sich mit der malerischen Soufrière Bay an die Baie des Pitons an.

Das Städtchen wurde 1746 gegründet und ist die älteste und schönste Ansiedlung der Insel.

Eine Kunst für sich: Harry Belafontes „Coconut Woman" macht erfolgreich schöne Augen und regelt so den Verkauf, aber die Kokosnussernte ist nur etwas für „echte" und mutige Männer. Zumal es sehr gefährlich sein kann, wenn man die bis zu 30 Meter hohen Palmen ohne Hilfsmittel erklettert. Von hier oben hat man außerdem einen herrlichen Blick auf die Marigot Bay von St. Lucia.

Die Vielfalt tropischer Blüten-
pracht findet sich überall
auf St. Lucia. Besonders im
„Diamond Waterfall & Gardens",
einem Botanischen Garten, den
Ludwig XVI. der hier ansässigen
Pflanzerfamilie Devaux über-
eignete und der seit 1713 in
Familienbesitz ist, findet man
faszinierende Pflanzenarten.
In der besonderen Atmosphäre
der Diamond Gardens weilte
Joséphine als Urlauberin, bevor
sie von Napoleon Bonaparte
geehelicht und 1804 zur französischen Kaiserin gekrönt wurde.

*Seite 88/89:*
Was für ein Schreckensszenario
muss es für die Einwohner von
St. Pierre gewesen sein, als ihr
Hausberg Mont Pelée am 8. Mai
1902 frühmorgens explodierte:
Extrem heiße Gase drängten
in einem so genannten pyro-
klastischen Strom in rasender
Geschwindigkeit zu Tale. Das
„Klein-Paris" der Westindischen
Inseln, auf das man so stolz war,
brannte in Sekundenschnelle
lichterloh. 30 000 Menschen
kamen bei dem Ausbruch ums
Leben: Nur einer überlebte ihn:
Ein Matrose, der wegen
Randalierens und Trunkenheit
im Gefängnis einsaß. Heute
geht es beschaulich in St. Pierre
zu und die Ankerplätze vor der
Stadt sind wunderbar.

Der schönste Strand von Martinique, der Plage des Salines
liegt am äußersten Südzipfel
der Insel und hat alles, was
ein Karibikstrand haben muss:
weißen Sand, türkisfarbenes
Wasser, hohe Palmen.

**Oben:**
Der kleine Strandort Le Diamant im Süden Martiniques bietet Wassersportlern Idealbedingungen – sowie einen herrlichen Blick auf den vorgelagerten Felsklotz „Rocher du Diamant", um den sich Engländer und Franzosen seit 1805 eineinhalb Jahre lang stritten.

**Links:**
Les Anses-d'Arlets, malerische Strände südlich der Hauptstadt, lassen sich per Fährschiff nach Pointe du Bout – auf der gegenüberliegenden Seite der Baie de Fort-de-France – erreichen. Auf der Strecke erinnert das Musée de la Pagerie an den Geburtsort der französischen Kaiserin und Ehefrau Napoleon Bonapartes, Joséphine, geborene Marie-Josèphe Rose Tascher de la Pagerie.

*Unten:*
Dominica-Besucher kommen weder der Strände noch des Nachtlebens wegen: Eine überschwängliche Natur präsentiert in den dichten Regenwäldern der Nationalparks eine einzigartige Flora und Fauna.

Botaniker, Ornithologen und Liebhaber ungetrübter Naturbilder finden ihr „nature's paradise" – wie hier beim Emerald Pool, dessen 12 Meter hoher Wasserfall sich für eine erfrischende Dusche anbietet.

Bei den letzten Kariben der Karibik: Franzosen und Engländer bissen sich an den kampflustigen Kariben-Indianern die Zähne aus, so dass die Europäer 1749 frustriert die Insel verließen. Als Dominica 1805 letztlich doch Britische Kronkolonie wurde, waren nur noch ein paar hundert der Ureinwohner übrig. Heute leben rund 3000 im Reservat auf Waitukubuli, der „Großen Insel", wie sie ihr Dominica nennen, darunter sogar noch einige wenige reinrassige.

*Linke Seite:*
Am Indian River bei Portsmouth an der Prince Rupert Bay: In der Bucht ließ Christoph Kolumbus am 3. November 1493 ankern, womit das Jahrhunderte während Elend von Dominicas stolzen Kariben-Indianern seinen Anfang nahm.

*Oben und links:*
Roseau, Dominicas pittoreskes Hauptstädtchen, ist ein lebendiges Museum kreolischer Architektur, mit kunstvoll geschnitzten Holzverzierungen und filigranen Balkonen, die wie Schwalbennester an schmucken Hausfassaden kleben. Ausdrucksstark sind auch seine Bewohner, wie diese junge Rasta-Familie in Roseau, sowie die fröhliche Wirtin der Bed-and-Breakfast-Pension „Chez Ophelia" (oben).

Vorfreude auf den Landgang: Kreuzfahrtpassagiere bei Pointe-à-Pitre, der Hauptstadt von Guadeloupe. Ganz sicher steht die Place de la Victoire auf dem Programm, wo in vergangenen Zeiten die Guillotine aufgestellt war, sowie der Marché Couvert, eine von Früchten und Gemüse überquellende Markthalle, oder vielleicht der Marché aux Fleurs, der Blumenmarkt vor der Basilika St-Pierre et St-Paul.

*Oben und ganz oben:*

Gleich neben dem mit stattlichen Kolonial-gebäuden bestandenen Place de la Victoire liegt das Hafenbecken La Darse, wo Fischer ihren frischen Fang direkt vom Boot weg verkaufen. Gut macht sich Pointe-à-Pitre, auch wenn abends die Lichter angehen und sich die Straßencafés am Place de la Victoire füllen.

*Rechts:*
Das Zusammentreffen von
Atlantik und Karibischer See
am Pointe des Chateaux,
dem östlichsten Zipfel von
Grande-Terre auf Guadeloupe,
hat bizarre Felsformationen
hervorgebracht und zieht
Besucher beinahe so magisch
an wie Norwegens Nordkap.

*Unten:*
Grande-Terre ist die flachere
der beiden nur durch einen
schmalen Meeresarm
getrennten Hauptinseln von
Guadeloupe. Sie besteht
hauptsächlich aus Kalkstein
und verfügt ebenfalls über
lange Strände.

**Oben:**
Von Trois Rivieres auf Basse-Terre hat man einen herrlichen Blick zu den Inseln Les Saintes – von den acht Eilanden sind nur zwei bewohnt. Von Guadeloupe gibt es eine regelmäßige Fähr-verbindung.

**Links:**
Basse-Terre ist vulkanischen Ursprungs, wie die meisten Inseln der Karibik. Der höchste Punkt ist der aktive Vulkan Soufriere mit 1467 Metern. Die erste Eruption, die von Europäern beobachtet wurde, war 1660, seither zählte man acht Ausbrüche. Der letzte fand 1976/77 statt.

*Oben:*
Einer der beliebtesten Hotel-
strände von Antigua ist der
Halycon Cove Beach. Seine
ganz besondere Atmosphäre
macht der Segelsport aus:
Hier finden herausragende
Seglerveranstaltungen –
wie die Classic Regatta, die
Antigua Sailing Week oder
die Antigua Yacht Show –
statt.

*Rechts:*
Darkwood Beach ist nur einer
von 365 Traumstränden, derer
sich Antigua gerne rühmt.
Ob es tatsächlich für jeden Tag
einen anderen gibt, ließe sich
an Bord eines Katamarans
überprüfen, der, zum Strändezählen, die Insel umsegelt.

*Links:*
Heute dümpeln vor den
historischen Gemäuern von
„Nelson's Dockyard" auf
Antigua Yachten aus aller
Welt (ganz links). Auch in
der Ballay Bay finden sich
herrliche Ankerplätze (links).

*Unten:*
Tief unten leuchtet stahlblau
und mit ankernden Booten
gespickt der wohl eindrucks-
reichste Ankerplatz der Karibik,
English Harbour auf Antigua.
In diesem hurrikansicheren
Naturhafen kommandierte
Horatio Nelson 1785 die
britische Flotte, dort ließ er
seine Fregatten zur Reparatur
auf Kiel legen.

*Linke Seite:*
Von den Festungsmauern Brimstone Hills geht bei guter Sicht der Blick auf die umliegenden Inseln St. Eustatius, Saba, Sint Maarten und St. Barthélemy. Im 18. Jahrhundert lieferten sich hier Engländer und Franzosen zahlreiche Schlachten. Das 1690 von den Engländern begonnene Festungssystem, das hoch oben in den Vulkanbergen von St. Kitts thront, wurde aufwändig restauriert und hat Nationalparkstatus. Stundenlang lässt es sich ohne Langeweile durch historische Gemäuer streifen, um Offiziersunterkünfte, Bastionen und Wasserreservoirs zu erkunden.

Blick von St. Kitts auf Nevis, die mondäne Schwester „mit dem Schnee": Den 985 Meter hohen Vulkankegel Mount Nevis, der von weißen Wolken umhüllt aus der karibischen See sticht, taufte Kolumbus „Nuestra Señora de la Nievas" (las nievas = Schnee).

Während sich in Basseterre, der Hauptstadt St. Kitts, urbanes Leben rund um den „Circus" (Londons Piccadilly Circus nachempfundener Stadtplatz mit Uhrturm) abspielt, finden sich draußen auf dem Land zwischen Zuckerrohrfeldern und dem Blau der Karibischen See zahlreiche Idyllen wie diese.

# RUMBA, REGGAE UND CALYPSO –
# KARIBISCHE KLÄNGE

Oben:
**Salsa-Band in St. Vincent.**

Mitte:
**Kein karibischer Musiker hatte soundmäßig bedingte Fieberkurven so gut im Griff wie der jamaikanische Reggae-König Bob Marley. Der Superstar, der in den 70er Jahren mit seiner Gruppe „The Wailers" über die Musik-Bühnen der Welt zog und Millionen Fans begeisterte, starb (1981) viel zu früh.**

**Als die schwarzen Musiker Trinidads entdeckten, dass sich aus abgesägten und auf der Oberseite bearbeiteten Ölfässern bis zu 36 Töne entlocken ließen, waren die Steelbands und mit ihnen der Calypso geboren.**

Aus einer Vielzahl von Erscheinungsformen konnte sich die karibische Musik zusammenmischen, und hat dabei begierig Elemente aus Amerika, Europa und Afrika aufgesaugt. Heute spiegelt sich eine unerschöpfliche Ausdrucksfülle in dem, was Kreativität und Individualität musikalisch haben entstehen lassen. Aber wer kennt sich schon aus mit Rumba, Mambo, Son oder Meringue, mit Soca, Zouk und Biguine? Was sind Tuk-Bands, und wie ist ihr Sound? Gut, dass es den Calypso gibt, weil der Klang karibischer Steelbands eindeutig ist, wofür sein berühmtester Vertreter, Harry Belafonte, auf internationaler Bühne gesorgt hat. Mit Ohrwürmern wie „Island in the Sun", dem weltberühmten „Banana Boat Song" oder „Coconut Woman", die jeden Zuhörer sogleich mit einer sanften, romantischen Karibikbrise umwehen.

Die Geschichte der karibischen Musik hat in der frühen Kolonialisierungsphase ihren Ursprung; während Franzosen, Engländer und Spanier mit Instrumenten und Fertigkeiten westlich orientierter Musikrichtungen angereist waren, hatten ihre schwarzafrikanischen Sklaven einen ganz anderen Sound im Kopf. Deren Klangwelt bestand aus schnellen Rhythmen, spielerisch wurden Fragmente aus religiösen Hymnen, traditionellen Ritualen und Stammesgesängen mit neuer Substanzen, auch denen der

Weißen sowie indischer Einwanderer, verbunden. Experimentieren ließ sich mit allem, was sich nach Musik anhörte, wobei es klang- und rhythmusbesessene Afrikaner ohnehin spielend schaffen, mit nur einer Trommel Körper und Seele zum Schwingen zu bringen. Das strikte Verbot der weißen Herren, afrikanische Trommeln anzurühren, führte auf Trinidad zur genialen Erfindung der Steel Pans, abgesägter Ölfässer, deren Unterseiten bis zu 36 verschiedene Töne hervorbringen.

Ebenso eindeutig wie der Calypso präsentiert sich Jamaikas Reggae, der den nächsten Siegeszug typisch karibischer Klangformen antrat. Aus den Ghettos von Kingston tönte bald Bob Marleys eingängiger Rhythmus, der mit scharf gewürzten

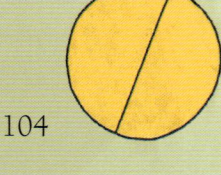

sozialkritischen Texten nicht nur auf Jamaika einen Sturm gegen Unterdrückung und Armut entfachte.

Längst hat der Schmelztiegel der Kulturen über Calypso und Reggae hinaus eine unüberschaubare Bandbreite musikalischer Stilrichtungen produziert, beeinflusst durch afrikanische Percussion, Soul, Rap und Pop, New York und Cape Town Jazz, Rock'n Roll und den Blues. Durch die Vermischung von Soul und Calypso entwickelte sich der Soca, der auf der Tanzfläche so erotisch daherkommt, was ihm eine große Fangemeinde verschafft. Aus einem Mix zwischen Soca und Reggae sind mit dem Reggasoca schon wieder neue musikalische Vibrations kreiert worden. Während auf den französischen Antillen Guadeloupe und Martinique aus der Biguine unter Beigabe afrikanischer Trommelelemente, haitianischer Bläsersätze und aufregender Jazzzutaten der schnelle Zouk entstand, verschmolzen kubanische Musiker südamerikanischen Jazz mit Chachachá, Son und Mambo zum legendären Salsa, der vom berauschenden Erfolg des Buena-Vista-Social-Club auf die Tanzbühnen der ganzen Welt transportiert wurde. Für Musikliebhaber ist die karibische Inselwelt mit ihrem gewaltigen Fundus an Talenten eine Schatzkiste der Vielfalt. Vor allem aber entwickelt sie sich auch zunehmend zu einer Welt des Jazz, die alljährlich mit zahlreichen Festivals aufwartet. Beispielsweise dem Barbados Jazz Festival, dem St. Barts Music Festival, mit St. Lucias Jazz Festival, dem Spiee Jazz Festival auf Grenada, mit dem Aruba Jazz and Latin American Music Festival und, alle zwei Jahre, mit dem International Jazz Festival auf Martinique.

*Unten:*
**Nachdem Ry Cooder kubanischen Musiklegenden wie Ruben González, Ibrahim Ferrer, Eliades Ochoa und Omara Portuondo mit der weltbekannten Produktion von „Buena Vista Social Club" ein Denkmal gesetzt hatte und dann auch noch der gleichnamige Film kam, den Wim Wenders in den Straßen von Havanna drehte, waren Klänge aus Kuba schlagartig en vogue: Nichts konnte sie mehr halten, die Künstler des Salsa, Danzón, Guajira, Mambo, Cha Cha Cha, Son, Rumba und Jazz! Wer, wie diese Männer in Habana Veja, seine Musik auf der Straße und auf öffentlichen Plätzen vorträgt, hat das Fieber im Blut.**

*Oben:*
Saint-Barthélemy (in der üblichen Kurzform: St. Barths), das zu den französischen Antillen gehört, verfügt über einen herrlichen Hafen, in dem in der Wintersaison die teuersten Yachten aus aller Welt festmachen. 1784 schenkte Ludwig XVI. die Insel König Gustav III. von Schweden, weshalb St.-Barths' Hafenhauptstädtchen bis heute Gustavia heißt. 1878 verkauften die Schweden das noble Fleckchen an die Franzosen.

*Rechts:*
Von Gustavia nach St. Jean zu wechseln, ist ein Katzensprung. Die Insel hat mit 25 Quadratkilometern nur ein gutes Viertel der Größe von Sylt und ist daher recht überschaubar: Schöne Unterkünfte mit Stil und Ambiente wie das Hotel Village in der Baie St. Jean bieten einen herrlichen Blick über die Bucht und das Meer.

*Links:*
Das Restaurant Le Tamarin liegt an Anse de la Grande Saline auf St. Barths und bietet eine wunderbare kreolische Küche. Außerdem befindet sich hier der schönste Strand der Insel.

*Unten:*
Die Baie St. Jean zählt mit ihrer außerordentlich schönen Lage zu den beliebtesten Buchten auf St. Barths. Hier gibt es bekannte Hotels. Das berühmteste ist das legendäre Eden Rock, in dem schon Greta Garbo abstieg.

In Gustavia, dem Saint-Tropez der Karibik, lassen sich schon mal Prominente wie George Michael oder Catherine Deneuve beim Shoppen sehen. Auch Brigitte Bardot hat in den 70er Jahren hier Ferien gemacht. Das Nightlife der VIPs findet vor allem privat hinter den Türen exklusiver Villen statt, während sich das „normal" gehobene Publikum bei einem Drink an der Bar des noblen Hotel Carl Gustaf (unten) den Abend vertreibt, mit Blick auf ankernde Yachten vor Gustavia (links Mitte), oder bei exzellenter Cuisine im Le Patio in St. Jean (links unten). Auch Einkaufen im L'Ajoupa in Saline (links oben), einer Boutique an der Anse de la Grande Saline, ist beliebt.

*Oben:*
Einmalig in der Karibik ist die Insel Sint Maarten/St. Martin, die Kolumbus am Martinstag 1493 entdeckte. Niederländer und Franzosen teilen sich das Eiland und dies bereits seit 1638. Sehr häufig ankern Kreuzfahrtschiffe vor Philipsburg, der Hauptstadt des niederländischen Teils.

*Rechts:*
Philipsburg auf Sint Maarten präsentiert sich bunt mit westindischer Architektur und empfängt gerne die Gäste von den Kreuzfahrtschiffen, die hier ausgiebig zollfreie Einkäufe tätigen.

Vom charmanten Hauptstädtchen Marigot aus, das sich
pittoresk zwischen Marigot Bay
und Simpson Lagoon (unten)
ausbreitet, regiert der lange
Arm von Paris den französischen
Teil St. Martins. Wenn sonn-
abends auf der Hafenmole (links)
in aller Frühe der Gemüse-,
Frucht- und Fischmarkt erwacht,
mutiert Marigot von der
kreolisch-französischen zur
karibischen Lebensart.

*Seite 112/113:*
Diesen viel fotografierten Bilder-
traum auf den British Virgin
Islands entdeckt man beim Flug
über Marina Cay. Das Klischee
einer perfekten Resort-Insel
(Wassersportdorado, Schnorchel-
und Tauchparadies) ist nur
einen Katzensprung vom Beef
Island International Airport auf
der Hauptinsel Tortola entfernt.
1950 wurde auf dem Eiland
der Roman „Two on the Isle"
verfilmt, mit Sidney Poitier und
John Casavettes in den Haupt-
rollen.

Anfang der sechziger Jahre
brachte der Milliardär Laurence
Rockefeller mit dem Bau der
Luxusanlage „Little Dix Bay"
die bis dahin unbekannte
Jungferninsel Virgin Gorda auf
die touristische Landkarte.
Nicht weit von Little Dix liegen
an Virgin Gordas Südspitze
kleine, aber sehr feine Strände
in verwunschenen Buchten,
die sich „The Bath" nennen
und die von rund geschliffenen
Granitbrocken gefasst sind.

*Oben:*
Als wären es Murmeln von
Riesen, liegen gewaltige,
rund geschliffene Felsbrocken
am Strand von „The Bath"
an der Küste von Virgin Gorda
(frei übersetzt: dicke Jungfrau).

*Links:*
Cane Garden Bay auf Tortola
ist nicht nur eine der schönsten
Buchten der British Virgins,
sondern auch Standort der
200 Jahre alten Rum-Brennerei
Callwood Destillery, deren
Arundel Cane Rum ein
originelles Mitbringsel ist.

*Links oben:*
Feter Island mit Great Habour,
Sprat Bay und Dead Man Bay.

*Links Mitte:*
Der Anleger von Spanish
Town auf Virgin Gorda.

*Links unten:*
George Dog bei Virgin Gorda.

*Unten:*
Brewery Bay auf Tortola.

Jungfräulich, aber nicht unberührt: Nur knapp über ein Dutzend der etwa 50 Inseln der British Virgin Islands sind bewohnt. Da sie kaum mehr als ein paar Kilometer voneinander entfernt im Blau der Karibischen See liegen, lässt sich der größte Teil des Archipels aus der Vogelperspektive leicht überblicken. Nur Anegada, die einzige – flache – Koralleninsel, liegt etwas außerhalb. Zu den größeren Inseln, die alle durch regelmäßigen Fährbetrieb verbunden sind, zählen – neben Anegada und Tortola mit der Hauptstadt Road Town – Virgin Gorda, Peter Island, Norman Island und Jost van Dyke.

*Oben:*
Auch wenn der Archipel der US-Virgin Islands aus einer Vielzahl von Inseln besteht, konzentriert sich das insulare Leben auf die drei größeren: St. Thomas, hier mit der Hauptstadt Charlotte Amalie, St. Croix und St. John. Bis 1917 waren die Inseln im Besitz der Dänen, die ihre Paradiese für 25 Millionen US $ an die USA verkauften.

*Rechts:*
St. John besteht größtenteils aus dem Virgin Islands Nationalpark. Wer hier in der Cruz Bay mit der Fähre anlandet, findet sich in einem der naturbelassensten Paradiese der Kleinen Antillen wieder.

*Links:*
Frederiksted ist der Hauptort von St. Croix und wird von dem Fort Frederik (1752) überragt. Recht fremd wirkt mitten in der Karibik die skandinavische Architektur, die aus jener Zeit stammt, als die Dänen noch das Sagen hatten.

*Unten:*
Weit geht der Blick von der Oberstadt von Charlotte Amalie, der Hauptstadt von St. Thomas: Water Island, Frenchcap Cay, Hassel Island, Patricia Cay, Capella Islands und so fort ...

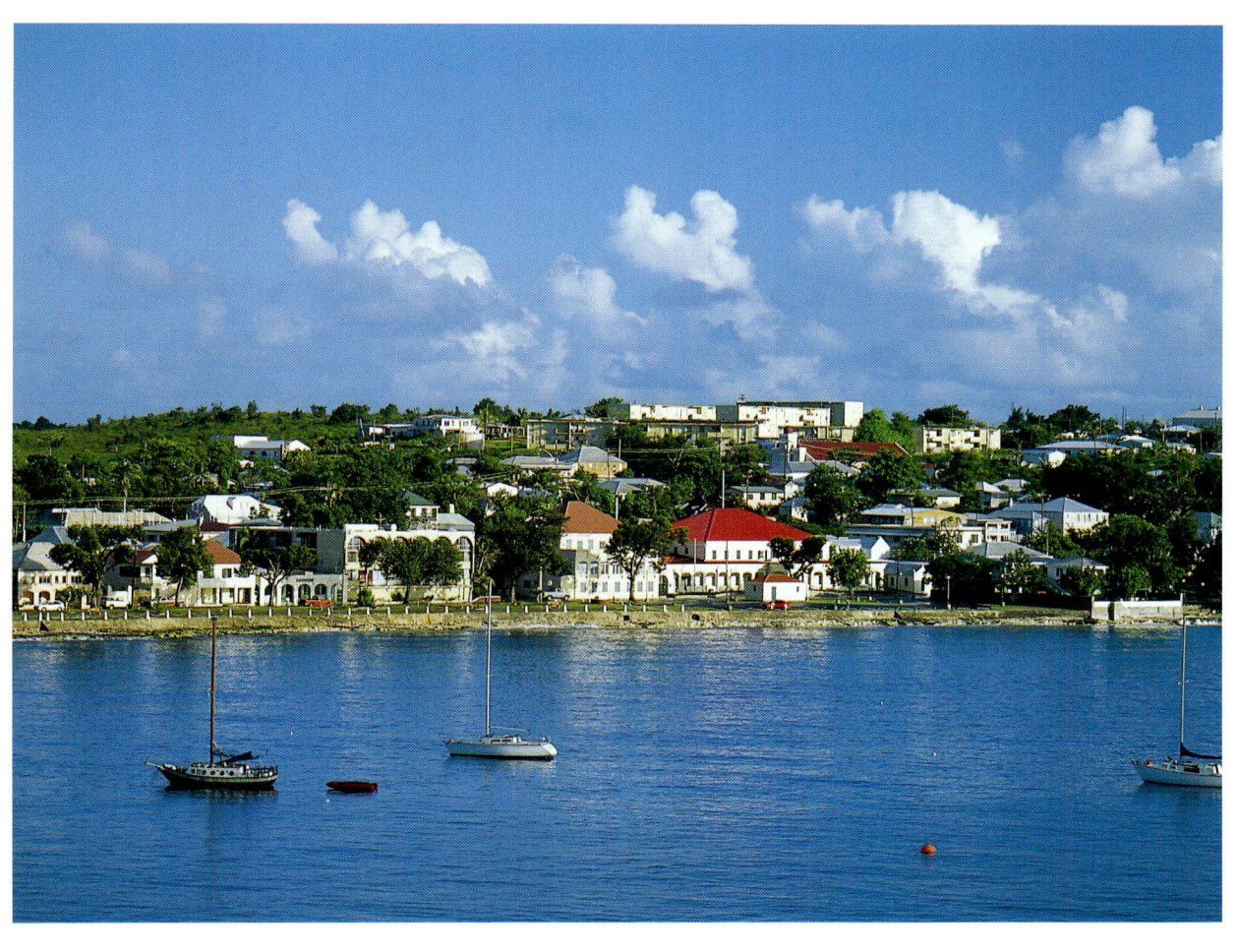

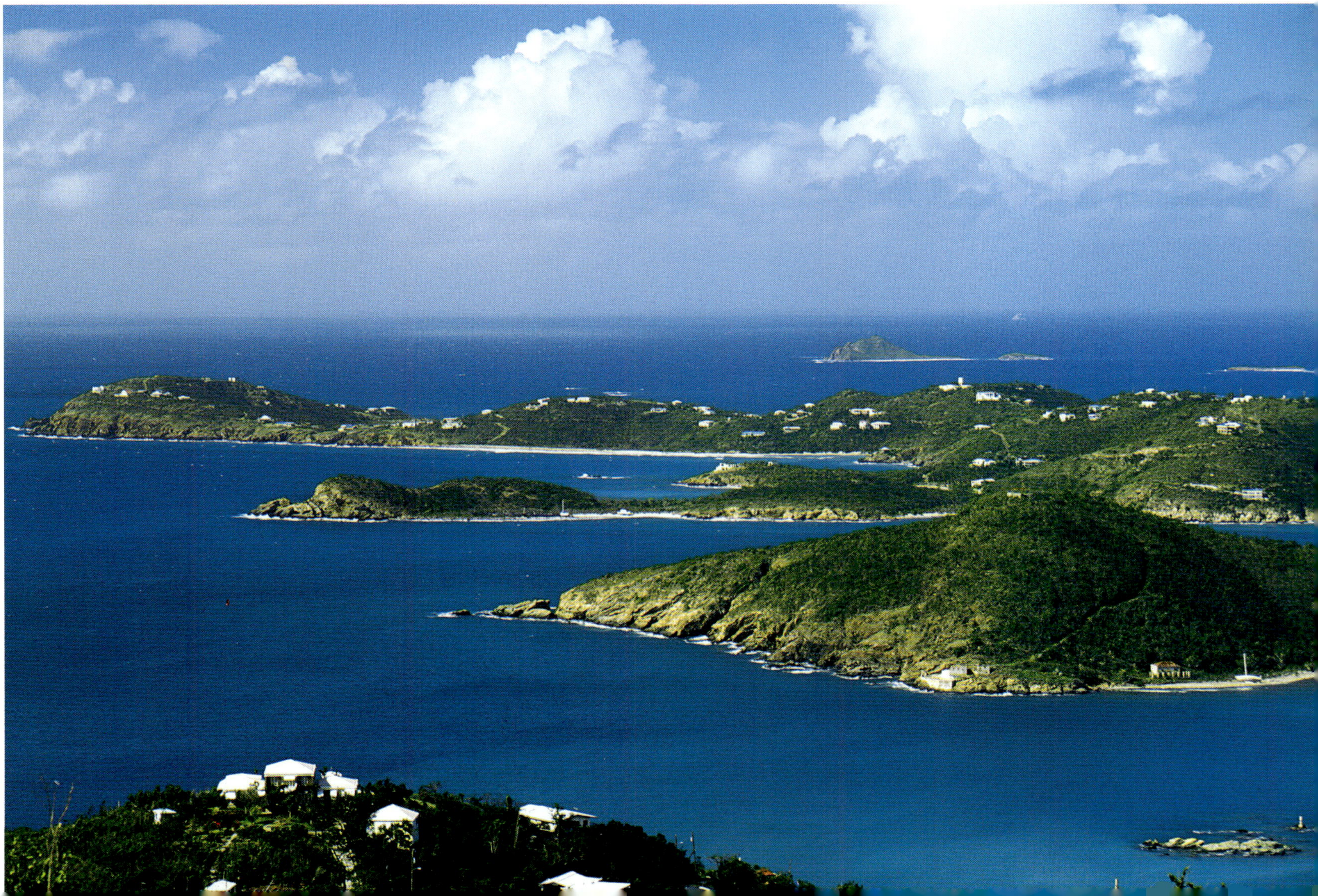

*Oben:*
St. John: Auf der Annaberg-Plantage steht diese historische Zuckerrohrmühle zwischen Ruinen und Resten ehemaliger Sklavenquartiere, die das Flair kolonialer Zeiten in die Gegenwart holen. Von den luftigen Höhen gibt es eine herrliche Aussicht auf die Leinster Bay sowie Inseln der angrenzenden British Virgins.

*Rechts:*
St. Croix: Die größte der US-Virgins ist weniger bergig und zerklüftet als ihre Schwesterinseln und wohl deshalb zu einem Zentrum des Golf-Sports avanciert. Der Buck Island Channel trennt sie vom National Monument Buck Island, einem Underwater National Park, der Schnorchlern und Tauchern zum Mekka geworden ist.

Oben:
Der Virgin Islands National
Park ist das Ziel von Natur-
liebhabern. Veranstaltungen
der Park-Ranger über die
Geschichte St. Johns sowie
seine Flora und Fauna –
mit Wanderungen zu Korallen-
bänken und Mangroven-
Lagunen sowie ein Unter-
wasserpfad für Schnorchler
vermitteln einen fundierten
Zugang zu einem der
bemerkenswertesten Natur-
räume der Karibik.

Links:
Rocky Beach in der Leinster
Bay von St. John ist ebenfalls
ein Teil des Nationalparks.

# VON KUBA NACH PUERTO RICO – DIE GROSSEN ANTILLEN

Kuba ist unter den Großen Antillen – dazu gehören außerdem Jamaika, Hispaniola, die Cayman Islands sowie Puerto Rico – flächenmäßig die größte. Im Osten, abseits touristischer Brennpunkte und fern vom umschwirrten Havanna, zeigt die Zuckerrohrinsel ihre andere Seele: mit beeindruckenden Landschaftsbildern und einer berauschenden Mischung aus Kultur und Geschichte.

Zum Beispiel in Santiago de Cuba. Majestätisch thront dort die Basilica Catedral über dem Parque Céspedes, in dem erst zur späten Stunde das Leben so richtig vibriert. Gleich neben der Terrasse des liebevoll restaurierten Hotels Casa

Der Strand von Varadero und der gleichnamige Ferienort zählen – nach Havanna – zu den bekanntesten Orten von Kuba. Der über 20 Kilometer lange Varadero Beach verfügt über alles, was zu einem Traumstrand gehört: weißer Sand, Kokospalmen, ein türkisgrünes Meer und, als Dekoration, einen alten Chevrolet aus vorrevolutionären Zeiten.

Granda steht das Ayuntamiento, das prunkvolle Rathaus, von dessen Balkon Fidel Castro am 1. Januar 1959 die Revolution ausrufen ließ. Erstklassige Kuba-Zigarren, vornehmlich Monte Christo No. 4 und die Edelmarke Cohiba Lanceros, wechseln in dunklen Ecken die Besitzer. In der Nähe wartet die ehemalige Bacardi-Destillerie als Museum auf Besucher. Der Zuckerbäckerstil dekadent verfallener Prachtbauten aus früheren Zeiten beflügelt die Phantasie.

Von Santiago de Cuba aus geht es weiter ostwärts, durch Kakao- und Kaffeeplantagen, saftiggrüne Zuckerrohrfelder, gesäumt von grazilen Königspalmen, durch wildzerklüftete Bergwelten und dichte Wälder. Kraftvoll donnern in Baracoa die Atlantikbrecher auf den Strand. Gegründet 1512 von Diego Velázquez, hat sich das Städtchen durch die abgeschiedene Lage eine einzigartige Atmosphäre bewahrt. Lastenträger mit Säcken, Körben oder Bananenstauden auf den Schultern zeichnen ein archaisches Straßenbild. Die wenigen museumsreifen Buicks und Chevrolets passen ins Kulissenbild, ansonsten rollen hier nur Fahrräder, Rikschas und Pferdedroschken. Auf dem historischen Stadtplatz Parque Central, vor dem Kirchenportal der Iglesia de la Asunción, spielen die Männer wie eh und je unter der stattlichen Büste des Indianerhäuptlings Hatuey ihr tägliches Domino. Hier scheint die Zeit still zu stehen.

Che Guevara, legendärer Revolutions-Companero und einst aktiver Kampfgefährte Fidel Castros, ist in Kuba allgegenwärtig. Nicht nur auf riesigen Plakatwänden, sondern auch auf Postkarten, T-Shirts und allem andern, was bedruckbar ist.

## IM FREIEN FALL: HAITI

Die zweitgrößte und von allen die am meisten benachteiligte Insel ist Hispaniola. Wobei sich ihr Schicksal zwei Staaten nachbarlich teilen: die Dominikanische Republik und Haiti. Sich sanft im Wind wiegende Palmen, eine smaragdgrüne See, freundliche, sanftmütige Menschen – so könnte die eine Seite des ehemaligen Reiches der Tonton Macoute, Papa Docs berüchtigter Geheimpolizei, aussehen. In Port-au-Prince im Musée de L'Art Haïtien Haitis naive Malerei zu besichtigen sowie die eisernen Markthallen von Gustave Eiffel oder die Wandmalereien der Kathedrale Sainte Trinité wäre nach wie vor ein großartiges Erlebnis. Doch Haiti gilt als das armste Land der westlichen Hemisphäre, in dem über 80 Prozent der Bevölkerung in bitterer Armut leben. Haitis Wälder, inzwischen beinahe gänzlich zu Brennstoff verarbeitet, wachsen nicht nach und die Winderosion sowie tropische Regenfälle haben den Menschen alles genommen, was das fruchtbare Klima an Vegetation einst im Überfluss wuchern ließ. Früher war Haiti (indianisch: das Bergland) einmal die reichste Kolonie Frankreichs, dank ertragreicher Zucker-rohrplantagen und des Imports von Millionen

von Sklaven. Die seit jeher von Unruhen, Misswirtschaft und Kriminalität gebeutelte Insel verzeichnet als Gäste der Gegenwart vornehmlich Vertreter von Hilfsorganisationen sowie friedenssichernde Soldaten der UN.

Die Dominikanische Republik, die sich jenseits der Grenze auf Zweidrittel der Gesamtfläche Hispaniolas ausbreitet, hat es dagegen geschafft, politisch stabil zu bleiben und sich mit seinen endlosen Bilderbuchstränden als Traumziel im internationalen Reisemarkt zu etablieren. Zwischen den Ferienregionen Porto Platas und Sosúas im Norden sowie den exklusiven Strandanlagen um Casa de Campo im Süden liegen Welten voller Kontraste, die den meisten Dom-Rep-Besuchern in aller Regel verborgen bleiben. Wie auch die Slumgürtel von Santo Domingo, das viel lieber fein restaurierte Altstadtbauten wie den Alcázar de Colón vorzeigt, in dem einst Kolumbus' Sohn residierte.

## DAS ANDERE JAMAIKA

Während sich das wildmalerische Puerto Rico mit seiner historischen Hauptstadt San Juan unter der politischen und wirtschaftlichen Liaison mit den

USA in relativem Wohlstand sonnen kann, hat die Heimat des Reggae, Jamaika, zunehmend mit den Schattenseiten sozialer Verwerfungen zu kämpfen. Zwar gehört ein Sonnenuntergang in Negrils legendärem „Rick's Cafe" nach wie vor zu den herausragenden Erlebnissen, ebenso wie die berühmten Dunn's River Falls oder eine Floßfahrt auf dem Rio Grande bei Port Antonio. Doch die schnell gewachsenen Ferienorte Ocho Rios und Montego Bay fordern angesichts von Kriminalität und Drogenhandel von ihren Gästen erhöhte Wachsamkeit, wobei die Sehenswürdigkeiten Kingstons ohnehin nur unter sachkundiger Führung aufgesucht werden sollten. Wer jenseits von Strandurlaub nach Jamaikas besserer Hälfte suchen mag, macht sich am besten in die Berge davon und fährt in südlicher Richtung nach Mandeville, durch die wuchernde Vegetation des jamaikanischen Inlands, wo wuchtige Brotfruchtbäume, blühende Bougainvilleas und Zuckerrohrfelder am Straßenrand wie Filmszenen vorbeiziehen. Auf das abgelegene Hochplateau des Cockpit-Country hatten sich in unruhigen Zeiten entlaufene Sklaven, die Maroons, vor britischen Kolonialtruppen geflüchtet. Endlos erstrecken sich dann die Strände der Südküste vor den 180 Meter hohen

Steilklippen von „Lover's Leap": Ein Sklavenpärchen, das man zum Verkauf trennen wollte, soll sich hier in den Tod gestürzt haben. Eine Schicksalsgeschichte von vielen, an die Bob Marleys letzter Hit erinnert, der für die sozialkritischen Aussagen des unbestrittenen Reggae-Königs steht: „Buffalo Soldier/stolen from Africa/ brought to America/ fighting on arrival/ fighting for survival."

*Unten:*
**Noch immer helfen Pferde, Esel und Ochsen beim Transport von Waren aller Art: hier im Valle de Viñales, Pinar del Río.**

*Oben und links:*
**In Havanna findet das Leben oft auf der Straße statt: Kinder in einer Seitenstraße und Dominospieler im Halbschatten.**

125

*Rechts:*
1493 von Christoph Kolumbus
entdeckt und in der Folge
von Spaniern, Engländern,
Holländern und Franzosen
heiß umkämpft, wurde Puerto
Rico 1898 im Spanisch-Ameri-
kanischen Krieg eine Kolonie
der USA. Heute ist die 160 Kilometer lange und 56 Kilometer
breite Insel politisch eng mit
Washington verbunden, Puer-
toricaner besitzen die amerika-
nische Staatsbürgerschaft.
Hier eine Landschaftsszene bei
Cayey.

*Unten:*
Das Castillo de San Cristobal
aus dem 17. Jahrhundert
ist nur eines von zahlreichen
mächtigen Boll- und Bau-
werken, die in Verbindung mit
den dicken Stadtmauern
San Juan vor gegnerischen
Angriffen schützten. Zu den
Sehenswürdigkeiten zählen
unter anderem die Kathedrale
San Juan (1520), das pracht-
volle Rathaus Alcaldia (1604),
die San José- Kirche (1532)
sowie das Stadttor Puerta San
Juan (1635).

*Oben:*
Ob einsam in malerischer Natur oder inmitten historischer Altstadtgemäuer: Wie die Umgebung der Villa Parguera bei La Parguera beweist, sind Puerto Ricos Paradores mit ihrem einzigartigen Ambiente die stimmungsvollsten Herbergen im Land.

*Links:*
Idylle am Plazoleta la Rogativa in der Altstadt von San Juan.

*Links oben:*
Santo Domingo, Hauptstadt der Dominikanischen Republik: Auf dem Platz vor der Catedral de Santa Maria la Menor, dem Parque Colón, erinnert eine Bronzestatue an den Entdecker Christoph Kolumbus, der angeblich hier – und auch im spanischen Sevilla – begraben sein soll. Die zwischen 1514 und 1544 erbaute Kathedrale war das erste Gotteshaus in der Neuen Welt.

**Links Mitte:**
Oft sind es die Details, wie dieser hübsche Eingang in Otra Banda, die die karibische Atmosphäre vermitteln. Der Ort hat übrigens auch ein feines, kleines Taíno-Museum, das über die Ureinwohner Hispaniolas, die Taínos, erzählt. Sie wurden von den Spaniern so gut wie komplett ausgerottet.

**Links unten:**
Eine der spektakulärsten Sehenswürdigkeiten in Santo Domingos Altstadt erhebt sich an der Plaza España mit dem Alcázar de Colón, einem prachtvollen Palast im Renais-sancestil, in dem Kolumbus' Sohn Diego bis 1523 als Statt-halter der Spanier residierte. Die allerschönsten Möbel-stücke stellt das Vizekönigliche Palast-Museum, das Museo Virreinal, aus.

**Unten:**
Die paradiesische Bávaro Beach Punta Canas lockt – neben dem Caribbean Village Club – auch mit anderen Offerten, beispielsweise dem 600 Zimmer umfassenden Bávaro Beach Resort Complex sowie einem 18-Loch-Golfplatz.

# ENTDECKER DER WEST-INDIES –

# CHRISTOPH KOLU

Kaum jemand hat die karibische Inselwelt nachhaltiger geprägt, als Christoph Kolumbus, der erst als Kartograf, dann als Navigator der portugiesischen Flotte und später als Entdecker im Namen des spanischen Königs Karriere machte. Besessen von der Idee, den langwierigen und gefährlichen Landweg zu den Kostbarkeiten Indiens und Asiens durch eine Westpassage über den Atlantik zu ersetzen, machte sich der gebürtige Genuese am 3. August 1492 mit dem Flaggschiff Santa Maria sowie zwei Begleitschiffen auf den Weg. Nach über zwei Monaten auf See kam Land in Sicht. Als Kolumbus den Fuß auf eine der Bahama-Inseln setzte, betrat mit ihm zum ersten Mal ein Europäer die Neue Welt. Von der er allerdings glaubte, dass es sich dabei um Indien handelte, was den Karibischen Inseln die kuriose Bezeichnung „West-Indies" einbrachte. Von den

**Vielleicht sah er tatsächlich so aus, der große Entdecker Amerikas, der trotz seiner drei großen Reisen die gesuchte West-Passage nach Indien nicht fand. Zeitgenössische Bilder existieren von Kolumbus nicht, und so ist die Welt auf Vermutungen von Künstlern angewiesen, die ihn ihrer Fantasie gemäß porträtierten. Die auffällige Hakennase ist belegt, wurde sie doch von Kolumbus' Sohn Ferdinand beschrieben.**

Bahamas segelten die spanischen Schiffe weiter nach Kuba und Hispaniola, wo die Santa Maria am 25. Dezember schiffbrüchig wurde. Aus ihren Überresten bauten die Seefahrer die Festung „La Navidad" (spanisch für „Weihnachten") und nahmen La Isla Española, das heutige Hispaniola, im Namen des spanischen Königs in Besitz. Die ersten Begegnungen mit den Ureinwohnern, den Arawak-Indianern, verliefen friedlich. Während ein paar Dutzend seiner Mannschaften in der Kolonie La Navidad verblieben, segelte Kolumbus am 16. Januar 1493 nach Spanien zurück. Nur wenige Monate später, am 25. September, brachte er eine neue Expedition auf den Weg, diesmal mit 17 Schiffen, die anderthalbtausend Europäer zur Besiedelung nach Übersee schaffen sollten.

Guadeloupe, Montserrat, Antigua und Nevis wurden im Namen des spanischen Königreichs konfisziert. Bei seiner Ankunft auf Hispaniola fand Kolumbus das Fort La Navidad zerstört und seine Männer getötet.

Er blieb einige Monate, gründete die neue Kolonie La Isabela, suchte das gesamte Terrain nach Gold ab und stach im Frühjahr des folgendes Jahres in See, um auf westlichem Kurs noch einmal nach der erhofften Indien-Passage zu suchen. Dabei entdeckte er Kuba, Jamaika und Puerto Rico. Bei seiner Rückkehr nach La Isabela fand er die anfänglich hilfsbereiten und freundlichen Arawak-Indianer feindselig, weil sie sich von den europäischen Siedlern missachtet und misshandelt

**Oben:**
An Kolumbus' letzter Reise nahm Bruder Bartholomeu teil, der diese Karte 1505 erstellte. Sie ist etwas aus der Proportion geraten, aber von Spanien ausgehend, sind die Kanarischen sowie die Kapverdischen Inseln, Dominica, Guadeloupe und Hispaniola korrekt verzeichnet. Amerika fehlt noch in dieser Darstellung, auf der die Karibischen Inseln übergangslos an Asien und China anschließen.

**Links:**
Der Stich zeigt die von Kolumbus auf seiner ersten Reise entdeckten Inseln, die er Fernandina, Isabella, Concepción, Hispaniola und San Salvador (nicht das heutige San Salvador, wahrscheinlich eine der Bahamas-Inseln) taufte.

**Mitte:**
Nachdem der Genuese Cristoforo Colombo alias Cristóbal Colón im Auftrag der Spanischen Krone durch Zufall Amerika entdeckt hatte, kehrten dessen Schiffe mit Schätzen beladen an den Königshof zurück. Das Gemälde zeigt, wie er diese dem Königspaar präsentiert.

fühlten. Als die Situation immer bedrohlicher wurde, ließ Kolumbus anderthalbtausend gewaltsam als Sklaven festsetzen, hunderte wurden nach Spanien zwangsdeportiert, wobei viele von ihnen bereits während der Überfahrt an Bord der Schiffe starben. Das Schicksal der Ureinwohner gestaltete sich auf allen Karibischen Inseln grausam. Während seiner dritten Reise (1498–1500) entdeckte Kolumbus Trinidad & Tobago, und erreichte dann das neu gegründete Santo Domingo auf dem südlichen Teil Hispaniolas, der heutigen Dominikanischen Republik. Die Suche nach Gold trieb ihn vorwärts, bis ihn Intrigen beim spanischen Königshaus in Misskredit brachten. Wie ein Schwerverbrecher, in Ketten, wurde er nach Europa geschafft. Mit einer Flotte von vier Schiffen konn-

te er nach seiner Begnadigung am 3. April 1502 zu einer vierten und letzten Reise in See stechen. Seine Flotte schaffte es zwar bis zur mittelamerikanischen Küste, verlor aber ein Schiff, und nach feindseligen Begegnungen mit Indianern und meutereiähnlichen Zuständen an Bord ließ er Kurs auf Jamaika nehmen, wo er ein Jahr lang in der dortigen Festung verblieb. Krank kehrte Christoph Kolumbus 1504 nach Spanien zurück und verstarb am 20. Mai 1506 im Alter von 55 Jahren. Nachdem seine Gebeine erst nach Santo Domingo und später nach Kuba überführt worden waren, liegen die vermutlichen Überreste des berühmten Entdeckers der Westindischen Inseln seit 1899 in Sevilla begraben, ein Tatbestand, den Santo Domingo ebenso für sich reklamiert.

*Oben:*
Bluefields Bay zwischen
Negril und Savanna-la-Mar
an der Südküste von Jamaika
befindet sich abseits der
großen Besucherströme und
bietet einen herrlichen Strand.
Bei Bluefields liegt Belmont,
die Heimatstadt von Peter
Tosh.

*Rechts:*
Ocho Rios auf Jamaika ist für
Sonnenanbeter und Wasser-
sportler einer der besten Plätze
der Insel. Allein die Strände
sprechen für sich. In der Nähe
befinden sich die berühmten
Dunn's River Falls, bekannt
aus dem Film „James Bond
jagt Dr. No".

*Oben:*
Beim Pickled Parrot, einer überhängenden Felsnase bei Negril, Jamaika, zeigen mutige Klippenspringer ihr Können. Strand, Wasser und Felsbuchten sind – neben den legendären Sonnenuntergangs-Sessions in Rick's Cafe – die absoluten Attraktionen dieses Küstenabschnitts, der einst Geheimtipp und beliebter Treffpunkt Ganja (Marihuana) rauchender Hippies und Aussteiger-Freaks war.

*Links:*
Cruise-Ship en miniature: Die beiden Einheimischen machen ihr Geschäft in der Bucht von Ocho Rios vor allem mit Traumschiff-Passagieren, deren schneeweiße Dampfer hier täglich wechselnd auf Reede liegen.

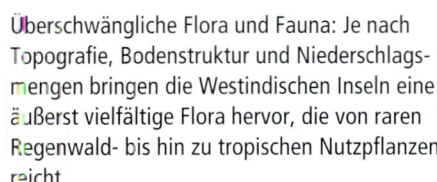

Überschwängliche Flora und Fauna: Je nach Topografie, Bodenstruktur und Niederschlagsmengen bringen die Westindischen Inseln eine äußerst vielfältige Flora hervor, die von raren Regenwald- bis hin zu tropischen Nutzpflanzen reicht.

Während in der Fauna Säuge-
tiere nur spärlich vertreten
und giftige Schlangen weitgehend von Mungos vertilgt
worden sind, finden Ornithologen in einer reichen Vogel-
welt ihr Paradies (links Mitte).
Die Dunn's River Falls bei
Ocho Rios locken als welt-
bekannte Attraktion (unten).

*Seite 136/137:*
Spielend kann Havanna gegen urbane Top Models aus aller Welt antreten, weil es Atmosphärisches aus der Alten Welt, vielleicht etwas Florenz und Venedig, nicht nur verschmilzt, sondern noch durch Eigenes verstärkt, das es sonst nirgendwo gibt: Havanna- und Cohiba-Zigarren, Cuba Libre und Fidel Castro, Musik, Tanz, Poesie und Literatur, deren berühmtesten Vertreter Graham Greene und Ernest Hemingway sind. Und welche Metropole hat schon eine kommunistische Revolution anzubieten, die ihren merkwürdigen Fortgang ebenso pflegt wie stolze Revolutionärssöhne ihre Buick- und Chevrolet-Oldtimer. Doch das sind noch längst nicht alle Vorzüge, die Havanna 1982 zum UNESCO-Weltkulturerbe werden ließen.

*Rechts oben:*
Havannas Kathedralen, Kolonialpaläste, Prachtschlösser und Wehranlagen verdanken ihre Entstehung der Tatsache, dass der Hafen der kubanischen Hauptstadt über Jahrhunderte hinweg Anlaufpunkt für die aus Mexiko und Peru kommenden, mit unermesslichen Gold- und Silberschätzen beladenen Schiffe der spanischen Eroberer waren.

*Rechts:*
Die berühmte acht Kilometer lange und im Winter von Sturm und anbrandenden Wellen bedrängte Strandpromenade Havannas, der Malecón, ist ein beliebter Treffpunkt der Hauptstädter und nicht nur die längste, sondern auch die kommunikativste Meile: Hier bandeln die Jineteras der Metropole gerne mit zahlungskräftigen Fremden an.

*Oben:*
Unter den alten Fassaden des Malecón schlägt das Herz von Havanna. Besonders bei Sonnenuntergang treffen sich hier die Menschen zu einem Plausch.

*Links:*
Gleich hinter dem Gran Teatro García Lorca am Parque Central, in dem schon Sarah Bernhardt und Opernstar Caruso ihre Auftritte hatten, zeigt sich die Kuppel des Capitolio National. Der 1929 in Betrieb genommene Sitz von Senat und Parlament ist eine Kopie des größeren Bruders in Washington D.C.

Havanna Vibrations: Kubanische Musik ist allgegenwärtig – wie sich am Beispiel dieser rein feminin besetzten Trommlergruppe zeigt, die eine kraftvolle afro-kubanische Mischung aus Gesang und Percussion herüberbringt (links oben).

Oder im Casa De La Musica, Havannas großem Salsa-Ereignis: Der Tanz-Club macht mit knackigen Bühnenshows und einer großen Tanzfläche mobil – tatkräftig unterstützt durch eine Bar, die auf typisch kubanische Longdrinks wie Cuba Libre, Mojito oder Daiquiri spezialisiert ist (links Mitte und links unten).

Nach alter Tradition spielen die Straßenmusiker in Havannas Altstadt: Rhythmus und Feeling sind perfekt abgestimmt, und das kleinste Kind wippt im Salsa- oder Son-Takt begeistert mit (unten).

Zur Freude der Oldtimer-Fans fahren sie hier noch immer – die amerikanischen Chromschlitten der Marken Pontiac, Cadillac, Buick, Chevrolet und Dodge. Und manche der Uralt-Modelle sehen so gehegt und gepflegt aus, als wären sie gerade erst vom Band gerollt. Die US-Straßenkreuzer, die Sammlerherzen einen erhöhten Pulsschlag bescheren, stammen aus den 50er Jahren und müssen seit 1959, dem Jahr der kubanischen Revolution, ohne legalen Ersatzteilnachschub auskommen. Einen Neuwagen können sich die meisten Kubaner einfach nicht leisten. Eine ganze Sammlung der chromblitzenden Blechkisten gibt es in Havannas Museo del Automóvil in der Calle Oficios Nr. 13 zu bestaunen.

*Seite 144/145:*
Eine ganz besondere Attraktion sind die Landschaften der Provinz Pinar del Río und das Tal von Viñales – nicht nur, weil es auf der UNESCO-Liste der Weltkulturlandschaften steht. Zu den Sehenswürdigkeiten zählt – neben den Resten französischer Kaffeeplantagen aus dem 19. Jahrhundert – das Höhlensystem Santo Tomás.

*Oben:*
Eine der besten Zigarren der Welt, die Trinidad Fundadores, wurde in Trinidad, Kuba, zunächst ausschließlich für Fidel Castro hergestellt. Der Export der Edelmarke, die nach einer der schönsten Städte Kubas benannt ist und auch dort produziert wird, begann erst 1998, ungefähr zu dem Zeitpunkt, als Fidel Castro von der WHO einen Orden dafür bekam, dass er dem Zigarrenrauchen abgeschworen hat.

*Rechts:*
Tabakernte im Tal von Viñales.

Tobacco Country: Neben Mais, Bohnen und kartoffelähnlichen Malangas wird im Valle de Viñales vor allem Tabak angebaut, der als einer der besten der Welt gilt. Schon seit dem 18. Jahrhundert werden hier Zigarren in Fabriken hergestellt, zum Beispiel in der Fábrica de Tabacos Francisco Donatien. Während draußen auf den Tabakfeldern die Ernte eingebracht und die Felder gepflügt werden, lässt sich drinnen probieren, welch mühsame Arbeit das Drehen ist. Wer es einmal versucht hat, weiß das Geschick der torcedores, der Zigarrendreher und -dreherinnen, zu schätzen.

*Oben:*
Gemeinsam mit Trinidad gehört das Valle de los Ingenios zum kubanischen Teil des Weltkulturerbes. Zahlreich sind im Tal der Sierra del Escambray historische Stätten wie Zuckermühlen, ehemalige Sklavenquartiere und koloniale Plantagenbauten erhalten. Der fünfzig Meter hohe, siebenstöckige Turm Torre de Iznaga wurde 1835 errichtet und diente zur Überwachung der Sklaven.

*Rechts:*
Trinidad, die 1514 von Diego Velázquez als „Stadt der Heiligen Dreifaltigkeit" gegründete Perle des Barock auf Kuba, ist reich an historischem Ambiente – was sich auch in einer lebendigen Kunstszene ausdrückt, die auf dem Trinidad Crafts Market ihre Produkte feilbietet.

In Trinidad scheint die Zeit stehen geblieben zu sein. Als eine der ältesten Städte Kubas hatte sie ihre Blütezeit im 17. und 18. Jahrhundert. Ihr damaliger Reichtum gründete sich auf Schmuggel, Slavenhandel und Zuckerproduktion.

*Rechte Seite:*
Die mitten im feucht-heißen Urwald gelegene Kaskade des Salto de Soroa stürzt zwanzig Meter in die Tiefe, bevor ihre kühlenden Wassermassen zum Labsal der Besucher in einem natürlichen Becken aufgefangen werden.

Ausgedehnte Mangrovensümpfe und die kleinsten Kolibris der Welt machen die Halbinsel Zapata zu einem Paradies für Botaniker und Ornithologen. Flora und Fauna gedeihen im Parque Nacional de la Clénaga de Zapata im Überschwang, wie auch die Krokodile auf der Farm Criadero de Cocodrilos in der Laguna del Tesoro.

Die zu den Hausstränden Havannas zählende Beach Santa María del Mar liegt eine halbe Autostunde östlich der Hauptstadt und ist damit, wie ihre Schwester Guanabo, ein schnell erreichbarer Treffpunkt für die Kubaner und ihre Gäste.

*Seite 152/153:*
Wenngleich es auf der größten Insel der Antillen jede Menge Traumstrände wie diesen bei Varadero gibt, kommt man nicht nur der Landschaft, sondern auch der Kunst, Kultur, Historie und Architektur wegen auf die Insel.

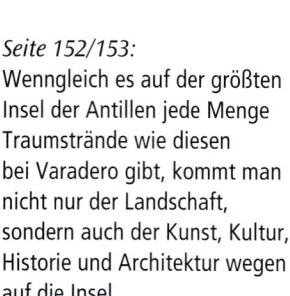

# REGISTER

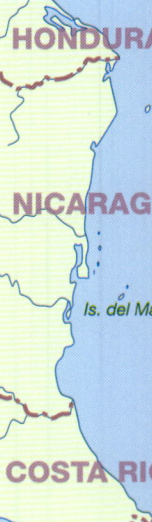

# IMPRESSUM

**Buchgestaltung**
SILBERWALD
Agentur für visuelle Kommunikation, Würzburg
www.siberwald.biz

**Karte**
Fischer Kartografie, Aichach

Printed in Germany
Repro: Artilitho snc, Lavis - Trento, Italien - www.artilitho.com
Druck/Verarbeitung: Offizin Andersen Nexö, Leipzig

© 2. Auflage 2015 Verlagshaus Würzburg GmbH & Co. KG
© Fotos: Christian Heeb
© Texte: Roland F. Karl

ISBN 978-3-8003-4457-4

Unser gesamtes Programm finden Sie unter:
www.verlagshaus.com

**Die Gewässer der Tobago Cays, Grenadinen,
sind für Fliegende Fische und „Flugboote"
bekannt. Letztere verdanken ihre Existenz
dem extrem klaren und durchsichtigen Wasser
der Karibischen See, wodurch tatsächlich die
Illusion entsteht, als würden die Boote fliegen.**